KB046136

캔슬 컬처에서 해시태그 운동까지 그들은 왜 불타오르는가

플레이밍 사회

플레이밍 사회

이토 마사아키 지음
유태선 옮김

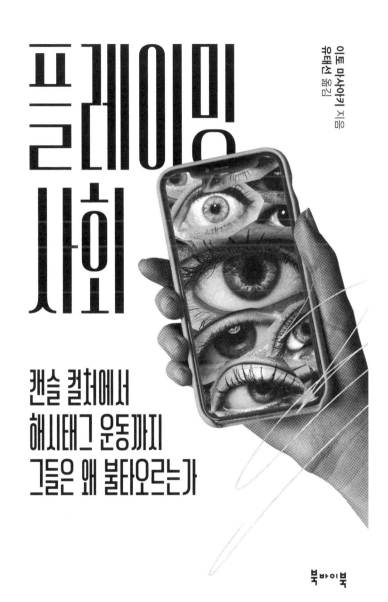

캔슬 컬처에서
해시태그 운동까지
그들은 왜 불타오르는가

북바이북

들어가며

플레이밍 flaming('활활 타오른다'는 의미로 비난, 비방 등의 글이 빠르게 올라오는 것을 말한다. 원서에서는 '염상炎上'이라는 표현을 사용했지만 한국 독자의 이해를 돕기 위해 '플레이밍'으로 번역했다-옮긴이)이라는 말이 '인터넷상에서 벌어지는 도 넘은 비방'의 의미로 쓰이게 된 것은 2005년경부터다. 특정 이슈를 두고 인터넷에 글이 쇄도하며 수습할 수 없는 상태가 되는 것을 의미하지만, 처음에는 특히 블로그에서의, 그것도 익명 게시판 사용자에 의한 것을 가리키는 경우가 많았고 이 현상 자체가 일부에 불과했다. 그러나 2010년대가 되면서 소셜 미디어의 보급과 함께 그 저변이 크게 확대되었고 더

욱 일반적인 현상이 되어갔다.

그 경위를 검증하기 위해서 '플레이밍'(원서에서는 '염상'-옮긴이)이라는 말을 제목에 포함한 뉴스 기사를 모두 수집하는 작업을 한 적이 있다. 그에 따르면 2000년대 후반에는 전문적인 인터넷 매체를 중심으로 연간 수십 개 정도밖에 보이지 않던 기사가 2010년대가 되면서 급증한다. 특히 '아르바이트 테러 소동'이 세상을 떠들썩하게 한 2013년 이후에는 연간 수백 개 단위로 나타나게 된다. 더욱이 2010년대 후반이 되면 그 수는 1,000개를 넘어선다.

이 현상의 변천 과정을 밝히고 싶어서 여러 케이스를 분석하는 작업에 임했지만, 도중에 그만두고 말았다. 그 수가 너무 많아져서이기도 하지만 이제는 일반적이고 일상적인 현상이 되어 그 자체를 분석하는 일이 무의미하다고 느꼈기 때문이다.

플레이밍은 오늘날 더는 특이한 현상이 아니다. 오히려 사회를 충실하게 비추는 이른바 사회의 거울이 되었다. 그렇다면 거기에 비치는 모습으로부터 사회 그 자체를 분석하는 일이 더욱 중요하지 않을까. 즉 오늘날 사회가 어떤 갈등 구조를 가졌고, 어떤 분쟁 상황을 안고 있는가. 더욱이 그 배경에는 어떤 사회 구조와 시대 상황이 있는지를 생각하는 일에 의의가 있지 않을까. 나는 그런 생각에 이르렀다.

사회학자 존 D. 메이어와 시드니 태로우는 일찍이 시위 등 사회 운동이 특이한 일이 아니라 일상다반사로 끊임없이 반복되는 사회를 '사회 운동 사회'라고 불렀다. 그러한 시각에 따르면 오늘날의 사회는 '플레이밍 사회'라고 부를 수 있다. 그렇다면 '플레이밍'이라는 현상보다는 '플레이밍 사회'에 대해서 생각해봐야 하지 않을까. 이 책은 그런 문제의식 아래에서 쓰였다.

이 책의 목적은 플레이밍 현상의 구조를 분석하는 것이 아니라(그것을 위한 연구는 이미 뛰어난 것들이 많다) 그런 현상이 이리도 심각하게 벌어지는 작금의 사회, 즉 플레이밍 사회의 성립을 분석하기 위함이다. 다시 말하면 이 현상의 메커니즘을 규명하는 것이 아니라 그 사회적 의미와 문맥을 밝히고자 한다. 그래서 거기에 의미를 부여하는 요소, 특히 감정, 욕망, 이데올로기 등의 형태에 주목하는 동시에 그 문맥을 이루는 요소와 정치, 경제 등의 동향에도 관심을 가진다.

그렇다고 한 권의 짧은 책에서 사회의 전체상을 묘사할 수는 없을 것이다. 이에 이 책에서는 몇 가지 시사적인 사례에 꼭 맞는 구체적인 사례 연구를 통해서 그 다양한 상을 찾아나가고자 한다.

또한 그 사례로서 반드시 부정적인 것만 다루진 않는다. 다시 말하면 플레이밍 현상을 반드시 '나쁜 것'으로 파악하지는 않는다. 사회 운동을 만들어내는 등 '좋은' 역할을 한 사례도 거론한다. 더 정확히 말하면 '좋은 것'도 되고 '나쁜 것'도 되는 양의적인 움직임으로 받아들인다.

더불어 이 현상을 둘러싼 정치적인 틀에 대해서 확인하고자 한다. 의미의 문제를 생각하려면 정치적 문제, 특히 이념 갈등 문제를 피할 수 없으며 그 틀을 근거로 삼을 필요가 있다. 현대에는 많은 사회적 갈등이 이른바 좌우 대립, 좌파와 우파의 이념 대립이라는 틀 속에서 일어난다. 플레이밍 현상 또한 한쪽 집단이 다른 집단을 비난하거나 공격하면서 발생하는 경우가 많다.

그렇다고 그런 구도가 반드시 이 현상의 성립과 직접적인 관련이 있다고는 볼 수 없다. 그 배경에는 단순한 좌우 대립 구도로 환원되지 않는 더 개운치 않은 무언가가 있고, 그것이 사람들을 불타오르게 하는 근원일지도 모른다.

그러한 개운치 않음에 접근하기 위한 하나의 견해로 이 책에서는 신자유주의neoliberalism라는 또 하나의 입장을 편입시키고, 약간 다른 시각에서 문제를 생각하려고 한다. 다만 여기서의 신자유주의는 경제학적 의미보다 사회학적 의미로 사용한다. 즉, 시장 원리 아래에서 자유 경쟁을 중시한다는 경제 정책 이념이 사람들의 의식 속에 침투하고 내면화한 결과, 그것이 삶의 방식을 다루고 행동 방식을 규정하게 된다. 그렇게 만들어진 사회생활에서의 규범을 파악하기 위해서 이 책에서는 신자유주의라는 개념을 원용하고 있다. 그러므로 그것은 경제 정책적 사고방식보다는 사회 규범적 행동 방식을 의미한다. 거기에서는 평가를 위한 경쟁이 끊임없이 벌어지고, 감시에 의한 제재가 반복된다.

사실은 그런 점이 플레이밍 사회의 중요한 구성 요소가 아닐까. 플레이밍이라는 현상은 단순한 좌우 대립 구도에서 곧바로 나타나지 않고 신자유주의라는 입장이 편입됨으로써 가속화하는 면이 있는 듯하다.

그때 신자유주의는 좌우 양쪽의 입장과 유연하게 관계를 맺는다. 우파와의 사이에서는 신보수주의와 신자유주의의 결속을 만들어내고, 다른 한편으로는 좌파와의 사이에서 (그렇다고 해도 그렇게 의식되지는 않겠지만) 자유주의와 신자유주의의 결탁을 만들어낸다. 각각의 입장이 서로 항쟁을 벌인 결과보다 복잡한 구도가 이 현상의 토대가 되는 것은 아닐까.

이러한 견해를 하나의 지침으로 삼아 몇 가지 사례를 살펴보기로 한다. 우선 1장에서는 코로나19 사태가 벌어지면서 생겨난 움직임을 다룬다. 코로나바이러스는 사회의 일그러진 모습을 드러내고 다양한 갈등과 분쟁을 일으키게 되었는데, 거기서 나타난 움직임 중 하나가 '자숙 경찰'(타인에게 자숙을 강요하는 사람들 혹은 그러한 행동을 가리킨다-옮긴이)이다. 그 배경에 있는 사회 상황을 분석함으로써 현대 사회가 안고 있는 문제에 대해서 함께 고민하고자 한다.

이어서 2장에서는 플레이밍이라는 현상과 소셜 미디어의 관계에 대해 고찰한다. 소셜 미디어를 통해 사람들이 어떻게 행동하고 어떤 과정을 거쳐 이러한 현상이 만들어지는지, 또한 그 배경에 어떤 동기와 욕구, 사회 상황이 있는지, '아르바이트 테러(아르바이트생이 손님에게 제공하는 상품 등에 장난을 치고 그 모습을 촬영해 소셜 미디어에 올리는 행위로, 기업에 큰 타격을 입힌다-옮긴이) 소동'이라고 불리는 일련의 사건을 통해 이것들에 대해 생각해보고 싶다.

그러나 플레이밍 현상은 이러한 소동과 비슷한 사례를 낳기도 하지만 모종의 사회 운동을 일으키고 여론을 이끌어가기도 한다. 3장에서는 그런 사례에 해당하는 '해시태그 운동'의 움직임을 다루며, 그 긍정적·부정적인 측면을 들여다본다.

이러한 움직임 중에서도 차별을 둘러싼 문제는 오늘날 가장 복잡한 양상을 부인다. '차별주의'에 대항하여 '반차별 운동'이 벌어지는 한편으로, 여기에 반발하여 '반·반차별주의'라는 입장에서 혐오 발언이나 가짜 뉴스 등이 나오고 있다. 4장에서는 이러한 움직임에 대해 생각해보겠다.

플레이밍 현상은 특정 개인을 향하면 사람을 상처 입히거나 때로는 죽음에 이르게 한다. 특히 연예인 등을 향한 '악성 게시물'은 단순한 반감에서 오는 것이 아니라 그릇된 공감에 의한 경우가 많다. 5장에서는 이 문제와 그 배경에 있는 사회 상황을 분석한다.

다만 그렇게 개인을 몰아가는 움직임도 사회 정의와 결합하면 소수자에게 힘을 주고 사회 운동에 유효한 수단이 될 수 있다. 6장에서는 그러한 사례에 해당하는 '캔슬 컬처'(유명인이 논란이 될 만한 행동이나 발언을 했을 때 해당 인물에 대한 지지를 취소하고 외면하는 일종의 불매 운동이다-옮긴이)의 움직임을 다루며, 그 논리와 모순이라는 두 가지 측면에서 생각해본다.

이러한 사례 연구를 통해 플레이밍 사회의 다양한 모습을 살펴보자.

차례

2장 소셜 미디어의 논리와 신자유주의 정신

3장 해시태그 운동의 명과 암

6장 캔슬 컬쳐의 논리와 모순

1장

자숙 경찰과

신자유주의

재난과 함께 되풀이되는 정의의 폭주

코로나19 사태가 기승을 부리던 2020년 봄, '자숙 경찰'로 불리는 움직임이 화제를 불러 모았다. 정부가 외출, 이동, 점포 영업 등을 자제할 것을 요청했음에도 이를 따르지 않는 사람들을 엄격히 단속하고자 일반인 사이에 벌어진 자경단과 같은 움직임이다.

영업 중인 점포나 밖을 나다니는 사람을 발견하면 경찰에 신고하거나, 소셜 미디어에 글을 올리거나, 심지어 협박성 전단을 점포에 부착하는 등 다양한 제재 행위가 벌어져 큰 사회 문제가 되었다. 또한 다른 지역에서 온 것처럼 보이는 자동차에 흠집을 내는 등 더욱더 과격한 범죄 행위도 목격되었다. 그 폭주하는 모습은 끔찍했는데, 같은 해 5월 당시의 관방장관인 스가 요시히데가 "법령을 위반하면 관계 기관에서 적절히 대처하겠다"라고 언명했을 정도였다.

당시 여러 국가에서는 벌칙을 수반한 법적 조치와 록다운을 결정하는 등 행동을 제한하고 있었지만 일본에서는 그러한 조치를 하기가 어려웠기에 정부는 개인에게 행동을 자제하도록 요청할 뿐이었다. 그런데 요청이 너무 과도했는지 자숙을 철저히 하려는 움직임이 폭주했고, 정말 기묘하게도 그 때문에 반대의 의미에서 법적 조치를 생각하지 않을 수 없게 되었다.

그러나 이러한 히스테릭한 '정의의 폭주'가 이때 처음 나타난 것은 아니다. 특히 2010년대를 지나며 대규모 자연재해 등 재난이 닥칠 때마다 문제시되었다. 2016년 4월 구마모토 지진 직후에는 조심하지 않는 태도를 공격하는 움직임이 소셜 미디어상에 난무했다. 재해가 일어난 곳의 상황을 배려해 들뜬 행동을 자제해야 하는데 그런 규범을 따르지 않는다며 일부 연예인 등에게 심한 비난이 쏟아졌다. 예를 들어 여배우 나가사와 마사미는 친구들과 웃는 얼굴로 찍은 사진을 인스타그램에 올렸다가 조심하지 않는다며 비난을 받았고 사진을 삭제할 수밖에 없었다.

이러한 움직임의 원점으로서 2004년 4월 이라크 인질 사건이 떠오른다. 전쟁의 영향으로 이라크 방문을 자제하라고 정부가 요청했음에도 현지로 건너간 세 명의 일본인이 무장 세력에게 납치된 사건이다. 일본 정부가 협상한 끝에 귀국했으나 그들에게는 맹렬한 비난이 쏟아졌다. 인터넷상의 비방 외에도 자택에 침입해 습격하는 일 등이 잇따랐다. 또한 이때 구속된 저널리스트 야스다 준페이가 2015년에 시리아에서 또 한 번 억류되었다가 2018년 10월에 풀려났는데, 그때도 같은 비난이 돌아왔다.

이처럼 인터넷상에 강력한 자경단이 형성되어 역병, 자연재해 등 재난이 발생해 국가적으로 자숙을 요청한 상황에서 이를 따르지 않는 자에게는 격렬한 비난이 쏟아졌다. 특히 2000년대 이후 일본에서는 그러한 행위가 사사건건 반복되어 플레이밍의 레퍼토리 중 하나가 되었다. 코로나19라는 대규모 재난이 터지면서 그것이 한층 더 격렬하게 분출된 것이 이번 움직임이었다고 할 수 있다.

그렇다면 이러한 '자숙 경찰' 현상은 특히 최근 일본에서 왜 빈번히 발생하게 되었을까. 그 배경에는 무엇이 있을까. 이번 장에서는 이 문제에 대해 살펴보겠다.

총동원 체제를 위한 상호 감시

여기서 먼저 '자숙'이라는 행동 양식에 대해 생각해보자. 그것은 원래 "스스로 나서서 행위나 태도를 삼가는 것"(『다이지센』[일본어 국어사전이다—옮긴이] 제2판)을 의미하며 자기 결정에 근거하여 행한다고 되어 있다. 말하자면 자숙이란 다른 사람에게 명령이나 요청을 받아서 하는 것이 아니다. 그럼에도 그것을 '요청'하고 거기에 응해 '자숙'한다는 것은 애초에 모순된 사고방식이다. 그러한 모순을 떠안은 존재가 어떻게 보면 자숙 경찰이 아닐까.

게다가 이번에는 정부라는 권력이 자숙을 요청했는데,

자숙이란 자기 결정에 근거하여 행하는 것이므로 권력이 그 뜻을 명시적으로 나타낼 수는 없다. 그럼에도 사람들은 그 것을 받아들여 자신의 행동을 다스려나가야 했다.

그렇기에 사람들은 암묵적인 권력을 내면화하고 자기 안에서 실체화할 필요가 있지 않았을까. 말하자면 강제력이 따르는 법적 조치가 취해지지 않았기 때문에 사람들은 스스로 강제력을 만들어내고 그것을 집행해야 했을 것이다. 그 결과, 권력은 편재화되어 상호 감시라는 그물에 박히게 된다. 그 집행자가 된 존재가 자숙 경찰이었다.

이처럼 자숙이라는 행동 양식은 그것을 요청하는 주체 와 담당하는 주체의 미묘한 흥정을 통해 성립한다는 모순을 내포하고 있다. 그러나 우리는 거기에 특별히 의문을 제기하지 않고 매우 자연스럽게 자숙을 실천해왔다. 그것이 가능했던 이유는 우리가 역사 속에서 그런 행동 방식을 학습할 기회를 여러 번 경험했기 때문이다.

그 출발점이 된 것은 전쟁 경험이었다. '자숙'이라는 단어를 포함한 제목의 신문 기사를 검색해보면 그것들은 1936년부터 계속적으로 나타나고 특히 1938년부터 1940년에 최초로 절정에 다다랐다. 이 시기에 일본인들은 이 행동 양식을 처음으로 본격적으로 학습하지 않았을까.

당시는 전시 체제를 갖추기 위해 일본 사회가 그 모습을 급속히 바꾸던 시기였다. 중일전쟁이 발발한 직후인 1937년 10월에는 국민정신총동원운동이 시작되었고, 1938년 4월에는 국가총동원법이 공포되었다. 게다가 1940년 10월에는 대정익찬회가 결성되어 중앙에서 말단 조직인 도나리구미(2차 세계 대전 당시에 국민을 통제하기 위해 만들어진 조직이다-옮긴이)에 이르는 광대한 국민 통제 체제가 갖추어져간다. 그런 가운데 '사치는 적이다'라며 다양한 활동을 자제하기를 호소했다. 말하자면 자숙이 총동원 체제를 위한 행동 통제 수단이었다.

그 후 다양한 상황에서 우리는 이 행동 양식을 실천해왔는데 코로나바이러스가 퍼지면서 최대 규모에 이르렀다. 그렇기 때문에 전쟁 상황과 같은 특징이 현저하게 나타난 것이 아닐까. 즉, 이번에도 자숙이라는 행동이 감염 방지를 위한 총동원 체제를 뒷받침하고 이를 위한 행동 통제와 상호 감시에 기여하고 있다. 그리고 거기서 인접한 통제 기관, 감시 기관으로서 역할을 맡게 된 존재가 자숙 경찰이었다.

　그렇다면 이 현상은 우선 오래된 일본 사회의 존재 방식을 반영했다고 볼 수 있다. 즉, 이번 움직임은 대정익찬회적인 전체주의 논리나 도나리구미적인 봉건주의 논리와 결부된 전근대적인 무라 사회('무라村'는 일본어로 '마을'을 뜻한다. 일본의 전통 마을에서는 관습을 따르지 않거나 거기에 이의를 제기하는 사람을 배척했으며 규칙에 복종하는 사람끼리 공생했다. 즉, '무라 사회'란 폐쇄적이고 오랜 관습 등을 따르는 사회를 말한다-옮긴이) 고유의 동조 압력 등이 대규모 재해가 일어나면서 재차 뿜어져 나온 것이라고 할 수 있다.

　그러나 그러한 '오래된 현상'이라는 측면만으로는 이 현상의 전체상을 파악할 수 없다. 그것은 특히 2000년대 이후에 빈번하게 목격된 21세기적인 현상이기도 하기 때문이다. 그렇다면 그 현대적인 면, '새로운 현상'으로서의 측면도 분명히 있지 않을까. 그렇다면 그것은 어떠한 것일까.

자기책임론과 신자유주의 개혁

●●

여기서 이 현상의 현대적 원점이 되는 사례로서 이라크 인질 사건으로 다시 한번 눈을 돌려보자. 당시 비난의 요점은 '자기 책임'이라는 키워드였다. 정부에서 이라크 방문을 자제해달라고 요청했음에도 굳이 위험한 장소에 가서 피랍된 것은 자기가 책임져야 할 일이니 그들을 구하기 위해 나랏돈을 사용해서는 안 된다는 주장하에 맹렬한 때리기가 벌어졌다. 소위 자기책임론이다.

그러한 논의를 주도해간 이들은 당시의 일부 정치인이었다. 사건이 보도된 직후에 고이즈미 준이치로 내각에서 환경대신을 맡고 있던 고이케 유리코가 "자기 자신의 책임"이라고 발언한 것을 시작으로 각료나 관료 등으로부터 비슷한 발언이 잇따랐다. 더욱이 구출 비용을 당사자에게 청구해야 한다는 '비용요구론'까지 튀어나왔다.

그러한 주장은 당시 고이즈미 정권하에서 추진하던 신자유주의적인 개혁 노선에서 자주 들려온 것으로, 그들은 시장주의하에서 각자가 자유 경쟁을 벌이면서 자기 책임으로 위험에 대처해나갈 것을 강하게 요청하고 있었다. 그 때문에 민영화, 규제 완화, 의료 제도 개혁 등 다양한 영역에 걸친 구조 개혁이 단행되었고 작은 정부를 향한 리스트럭처링이 진행되어갔다. 그리하여 신자유주의적 체제를 향해 일본 사회가 그 모습을 급속히 바꾸어가는 가운데 나타난 것이 바로 이때의 자기책임론이었다.

한편 자숙이라는 행동은 자기 결정에 근거한다고 되어 있기에 자기 책임이라는 개념과 매우 궁합이 잘 맞았다. 따라서 이때 '자숙을 어겼다'는 논점에서 자기책임론이 대두했을 것이다.

이러한 자기책임론의 근원은 1970년대 후반부터 영국이나 미국에서 추진된 신자유주의적 개혁을 둘러싼 논의에서 찾을 수 있다. 당시의 로널드 레이건 대통령은 그 유명한 연설에서 "누구나 자신의 행동에 따른 결과에 책임을 진다는 미국의 전통을 지금이야말로 되살릴 때이다"라고 말한 바 있다.

이후 영국이나 미국에서는 노동조합, 사회 보장, 공공 서비스 등 전후 복지 국가 체제를 지탱해온 다양한 제도가 붕

괴했고, '작은 정부'를 향한 리스트럭처링이 진행되어갔다. 시장주의에서의 자유 경쟁을 촉진함으로써 예전부터 전해 내려온 비효율적인 시스템 쇄신을 목표로 한 것이었다.

그 후 그러한 움직임이 일본에도 영향을 미쳤다. 다만 일본은 다소 사정이 다르다. 전후 일본에서는 복지 국가 체제가 충분히 정비되어 있지 않았다. 특히 농민이나 지방 중소기업 등 약자를 지켜온 것은 노동조합이나 사회 보장 등이 아닌 자민당의 이익 유도형 정치와 관료 주도의 보호 행정이었다. 공공사업, 보조금, 규제, 세제 등에 의한 것이다. 그러나 1955년 체제의 종식과 함께 그러한 시스템이 교착 상태를 맞이함에 따라 1990년대 후반 이후, 역시 시장주의를 바탕으로 한 자유 경쟁을 통한 쇄신을 목표로 삼는다.

이와 같이 일본의 경우 신자유주의적 개혁의 실질적 대상은 영국이나 미국처럼 근대적인 복지 사회의 이상적인 모습이라기보다는 정치가와 관료, 지방이 결탁한 전근대적인 '무라 사회'의 모습이었다고 할 수 있다. 말하자면 일본형 신자유주의 개혁은 근대화로서의 측면이 강했다.

그렇기 때문에 '사전 규제에서 사후 감시로'라는 사고

방식으로 사람들의 행동 방식을 근본적으로 재조직해나가려고 했다. 즉 '사전 규제'를 완화해 경쟁을 쉽게 하는 한편, '사후 감시'를 강화해 제재를 수월하게 만드는 일을 도모했고, 시민들에게는 법령 준수가 철저하게 요구되었다. 예를 들어 2000년 12월에 각의 결정된 「행정 개혁 대강령」에는 "국민의 주체성과 자기 책임을 존중하는 관점에서 민간 능력의 활용, 사후 감시형 사회로의 이행 등을 도모한다"라고 기술되어 있었다.

그때 그러한 '사후 감시형 사회'를 확립하기 위해 사법 제도 개혁이 추진되었다. 특히 2004년에는 재판원법이 제정돼 시민이 참여하는 재판원 제도를 향한 길이 열림과 동시에 공익 제보자 보호법이 제정돼 내부 고발 행위가 적극적으로 인정받게 된다. 그리하여 시민에 의한 사법 실천의 장이 넓어지는 동시에 시민 정서에 대한 배려로서 흉악 범죄 증가에 대응해 형법을 개정하고 일부 법정형을 상향 조정하는 등 엄벌화를 위한 대처가 진행되었다.

동조 압력과 생존을 위한 압력 사이에서

●●

이렇게 해서 2000년대 전반에 일본에서는 규제 개혁, 행정 개혁, 경제 제도 개혁, 나아가 사법 제도 개혁 등 신자유주의적인 개혁들이 급속히 진행되었다. 한편으로 인터넷이 보급되어 정보화와 세계화의 큰 물결이 밀려오는 가운데, 그러한 움직임이 커지면서 변혁의 물결이 사회 구석구석까지 뻗어간다. 그 과정에서 우리의 일상은 리스크, 보안, 자기 책임, 거버넌스, 법령 준수, 시민 재판, 내부 고발, 엄벌화 등 그때까지만 해도 낯설었던 많은 어휘에 둘러싸이게 된다.

이 어휘들은 모두 시장주의에서의 자유 경쟁, 즉, 개인이 자유로운 시장에 나와 제재를 받지 않고 경쟁할 수 있는 행동 방식에 대한 지침이나 규칙을 적은 것이었다고 할 수 있다. 당초에 그것들은 특히 기업 활동과 그것을 규율하는 법조 활동을 향한 것이었다. 그러나 그 후 일반 시민 생활 속에서도 퍼지게 되었고, 이윽고 우리 개개인의 행동 방식을 규정하게 된다.

그 과정에서 우리의 사고방식은 그러한 지침이나 규칙

을 내면화하고, 신자유주의적인 방식에 따르도록 바뀐 것이 아닐까. 즉 자유롭지만 동시에 위험이 가득한 시장이라는 바닷속에서 어떻게 살아갈지에 대한 명제를 이 어휘들과 함께 끊임없이 생각하게 되었을지도 모른다. 생존을 위한 그러한 사고방식은 특히 각자의 생존을 위협하는 위기 국면이 닥쳤을 때, 그 압력으로부터 그로테스크하게 왜곡되어 히스테릭하게 분출된다. 그러한 국면 중에서도 역병, 전쟁, 자연재해 등 재난 상황에서 가장 두드러진다고 할 수 있다.

그렇다면 자숙 경찰도 그러한 국면에 들어서면서 격렬하게 분출되어온 현상이라고 볼 수 있지 않을까. 특히 이번에는 '코로나바이러스'라는 대규모 재해가 발생함에 따라 그것이 한층 더 격렬하게 분출되었을 것이다. 예를 들면 다음과 같은 논리가 엿보인다.

코로나바이러스라는 대규모 위험에 대해 우리는 자기책임하에 살아남을 것을 요구받는다. 그러기 위해서는 위험을 피하기 위한 관리를 각자가 철저히 해야 한다. 그런데 그러한 요청에 따르지 않고 규칙을 위반하는 사람이 있다. 그런 행동은 우리의 안전을 위협하고 위험을 증대시킨다. 따라서 규칙을 위반한 사람을 발견하면 그 사실을 고발하고 엄벌에 처해야 한다. 그렇게 하는 것이 시민에 의한 사법 실천이며 개개인의 생존을 위한 방책이 된다는 논리다.

거기에 작용하는 압력은 일본 사회에 예로부터 존재해 온 압력과는 또 다른 것이다. 즉, '오래된 현상'으로서 전근 대적인 '무라 사회' 고유의 동조 압력이 아니라 오히려 '새 로운 현상'으로서 신자유주의적 시장 사회의 고유한 생존 압력과 같다. 더욱 정확히 말하면 양자가 중첩된 곳에 형성된 독자적인 압력이라고 말할 수 있겠다.

거기에는 감염 방지를 위해 총동원 체제를 강화하고 상호 감시를 철저히 한다는 전시의 전체주의적 사고와 통하는 논리가 있다. 한편으로는 감염 위험을 피하기 위해 법령을 위반하는 자를 고발하고 엄벌에 처한다는 20세기 말 이후의 신자유주의적 사고에 근거한 논리가 있다.

전자의 논리에서는 연대 책임을 따지며 공동체 질서를 지키는 일이 중시되지만, 후자의 논리에서는 자기 책임이 요구되어 각자가 생존을 도모하는 일이 목표다. 이와 같이 양자는 지향점이 다르지만 그것들이 서로 연결된 곳에 독특한 논리가 형성되어 이러한 현상을 낳기에 이르렀을지도 모른다.

그렇다면 이 현상은 일본형 신자유주의 개혁의 결과 중 하나로 볼 수도 있다. 그것은 전근대적인 '무라 사회'의 방식을 쇄신하고 신자유주의적인 시장 사회로 재편해나가는 것이 목표였다. 그러나 결국 양자의 특성이 마구 뒤섞인 것, 그것도 그 끔찍한 측면이 뒤섞인 것이 잉태되기에 이르렀다. 그런 존재, 즉 일본형 신자유주의 개혁이 낳은 괴물이야말로 이 현상이 아닐까.

강자에 대한 지향과 약자에 대한 배려

여기서 자숙 경찰을 둘러싼 이번 상황을 되돌아보자. 그 움직임을 가속화한 계기 중 하나는 2020년 4월에 요시무라 히로후미 오사카부 지사가 휴업 요청에 응하지 않는 파친코 가게 이름을 공표한 것이었다. 그러자 일부 사람들이 점포로 몰려들었고, 그 외에도 각지의 파친코 가게에 다양한 공격을 가하는 등 그 폭주가 가속화되었다.

당시 이 건뿐만 아니라 곳곳에서 과감한 판단을 계속 보여준 요시무라는 코로나19 사태가 시작됨과 동시에 그 명성을 가장 높이 떨친 인물이었다. 또한 요시무라가 소속된 '오사카유신회' 대표 마쓰이 이치로 오사카 시장이나 그 창설자인 하시모토 도루 등 유신회 일원들도 재차 큰 주목을 받았다.

한편 도쿄에서도 그때까지 다소 힘을 잃은 듯했던 고이케 유리코 도지사가 다시 살아나는 등 그 과단한 주장들이 여러모로 주목을 받았다. 마이니치신문이 2020년 5월에 실시한 여론 조사에서는 코로나19 사태에 대한 대응으로 가장 높이 평가받는 정치인으로 1위는 요시무라가, 2위는 고이케가 꼽혔다.

정치학자 카를 슈미트는 일찍이 정치적 행위의 본질이란 '친구'와 '적'을 구별하는 데 있다면서 특히 '예외 상황'을 만났을 때 그러한 결단을 내리는 모습에서 정치가의 책무를 보려고 했다. 게다가 그것은 대중의 갈채에 힘입어 이루어진다면서 그런 태도를 '결단주의'라고 불렀다 코로나 재앙이라는 예외 상황에 대하여 과감한 판단을 강조하고, 파친코 가게라는 '적'을 지목함으로써 '동지'인 오사카부민의 갈채를 받은 요시무라의 태도는 결단주의적이었다고 말할 수 있다. 또한 유신회의 다른 일원이나 고이케에게서도 역시 동일한 태도가 보였다.

이처럼 코로나19 상황에는 그 예외성 때문에 결단주의적 포퓰리즘 정치에 대한 지지가 올라갔는데, 그래서 특히 신자유주의 풍조를 견인한 정치인이 큰 인기를 끌었다는 점에 주목할 필요가 있다.

2010년에 결성된 유신회는 2000년대에 국정 차원에서 추진된 신자유주의적 개혁의 발상을 지방 정치로 가져와 지방 분권의 필요성을 호소하면서 오래된 시스템을 쇄신하고자 한 세력이었다.

한편 고이케는 고이즈미 정권 시기인 2003년에 환경대신으로서 처음 입각한 이후 개혁을 단행하려는 세력의 선두에 서왔다. 그 이듬해에 이라크 인질 사건이 일어났을 때 고이케가 자기책임론의 선봉에 섰던 것은 앞서 살펴본 바와 같다.

이처럼 그들은 2000년대 이후 신자유주의 풍조를 이끌었고, 그 사고방식의 전도자가 된 정치인이었다. 그러나 그러한 정치인들이 코로나19 사태라는 대규모 재앙을 마주하면서 많은 지지를 받게 된 것은 어딘가 기묘하게 느껴진다. 이러한 심각한 재앙이 일어났을 때는 신자유주의적인 약육강식의 논리보다 복지 사회적인 상호 부조의 논리가, 그리고 강자를 지향하는 자세보다 약자를 배려하는 자세가 우선시되어야 한다고 생각하기 때문이다.

그러나 앞서 말한 여론 조사에서 요시무라를 높이 평가한 이유로 '결단력', '지도력', '강력한 리더십' 등 그 강함과 관련된 특성이 많이 꼽혔다. 그렇다면 요시무라, 나아가 유신회나 고이케가 큰 인기를 끈 이유는 약자를 배려해서가 아니라 강자를 지향했기 때문이라는 말이 된다. 더욱더 정확하게 말하면 약자에 대한 배려가 그 정책에 표현되어 있어서가 아니라 강자에 대한 지향이 그 태도에 분명히 드러났기 때문일 것이다.

이처럼 코로나19 사태에서는 강자에 대한 지향이 많은 지지를 받았고, 한편으로 약자에 대한 배려가 크게 확산하지는 않았다. 물론 그런 종류의 논의가 없었던 것은 아니지만 그것이 시민의 마음을 하나로 뭉치게 하는 결실을 맺지는 못했다.

동일본 대지진이나 구마모토 지진이 일어났을 때는 이재민에 대한 애도와 공감, 지원 등이 일본 전역을 뒤덮었고 약자에 대한 배려가 다양한 활동으로 구체화되었다. 그러나 이번 코로나19의 경우에는 그러한 움직임이 거의 보이지 않았다. 대체 이유가 뭘까?

누가 약자인가

우선 '약자'에 대한 정의와 관련이 있다. 즉 지진 등이 발생했을 때는 어디까지나 피해를 입은 이재민이 약자로 인정된다. 그러나 코로나19 사태의 경우에는 직접적인 피해자인 감염자뿐만 아니라 경제 활동 제재에 따른 간접적인 피해자로서 영업을 계속할 수 없게 되었거나 고객을 잃은 상인, 나아가 그 거래처 등 다양한 존재가 약자의 정의에 포함되기는커녕 오히려 약자를 정의하는 일 자체가 어려워지고 있다. 게다가 코로나바이러스가 전 세계적으로 확산했기 때문에 극단적으로 말하면 인류의 누구나 잠재적인 피해자라고 할 수 있다. 이처럼 약자의 정의가 명확하지 않으니 애초에 누구를 배려해야 할지 알 수 없게 된 것이 아닐까.

더욱 심각한 이유로 '약자'의 위치 설정에 관한 것을 들 수 있다. 거기에서는 '강자인가 약자인가'라는 축에 더해 '가해자인가 피해자인가'라는 또 다른 축이 문제가 된다. 즉, 지진 등 재해 상황에서 이재민은 어디까지나 그 피해자다. 그러나 코로나 사태의 경우에 감염자는 그 피해자임에도 불구하고 가해자로 간주될 수 있다. 또한 도산이 두려워 영업을 계속하려는 점포 등도 잠재적인 피해자이지만, 동시에 가해자로도 취급된다. 그 결과, 약자가 피해자가 아닌 가해자로 여겨지면서 반드시 배려해야 할 대상이 되지 못한다.

이러한 이유로 코로나19 상황에서는 약자를 약자로 간주하기 어려워졌고, 약자에 대한 배려가 국민 마음에 자리 잡지 못했을 것이다. 말하자면 '누가 약자인가'라는 물음이 끊임없이 나오게 되었다.

그러한 딜레마를 상징적으로 보여주는 사례가 특히 음식점에 대한 국민 감정의 변화다. 영업을 계속할 수 없게 된 음식점은 처음에는 코로나 사태의 대표적인 피해자로 간주되어 사람들의 동정을 받는 존재였다. 그러나 시간 단축 영업에 대한 지원금 제도가 정비되고 지급이 계속되자 오히려 반감을 사는 존재가 되어버렸다. 2021년 2월에는 '지원금 버블'이라는 말이 트위터 트렌드에 오르는 등 음식점을 비방하는 듯한 논조가 갑자기 퍼져나갔다. 그것은 약자여야 할 음식점이 지원금이라는 '약자의 특권'을 부여받아 제대로 일도 하지 않고 반대로 우아한 생활을 하는 것이 이상하다는 식의 논조였다.

그러나 '약자의 특권'을 둘러싼 이러한 논란은 이때 처음 나타난 것이 아니며 2010년대에도 종종 문제가 되었다. 예를 들어 2012년 4월에는 개그맨 고모토 준이치의 어머니가 생활보호금을 수급하고 있다는 사실이 보도된 것을 계기로 '생활보호금 비난'이라고 불리는 움직임이 일어났다. 생활보호금이 '약자의 특권'으로 인식되어 수급자를 향한 엄청난 비난이 쏟아졌다.

거기에 참의원 의원 가타야마 사쓰키가 이 건을 조사해 달라고 후생노동성에 요청하면서 그 움직임은 더욱 가속화되었다. 역시 정치인의 후원으로 폭주에 속도가 더해졌다. 게다가 가타야마는 2005년 9월에 우정민영화법 문제를 둘러싼 이른바 우정 선거에서 처음으로 당선된 '고이즈미 칠드런' 중 한 명이며, 역시 신자유주의적 태도를 보여온 정치인이었다.

또한 2000년대 후반 이후 '재일 특권을 허용하지 않는 시민들의 모임(재특회)' 등에 의해 반복되어온 재일 교포를 향한 혐오 발언에서도 비슷한 논리를 읽을 수 있다. 거기서는 '재일 특권'이 '약자의 특권'으로 인식되거나 심지어 날조되어 재일 교포에게 격렬한 혐오 발언이 쏟아졌다.

이처럼 2000년대 이후에 우리는 약자를 약자로 간주하고 그들에게 구제의 손길을 솔직하게 내밀 수 없게 되어버린 것은 아닐까. 그리고 그 결과, '누가 약자인가'라는 물음이 끊임없이 제기되어 그것으로부터 '약자의 특권'이라는 궤변이 만들어지게 된다.

게다가 그 과정에서 우리는 이 물음에 대한 좋은 답변보다 좋은 도망법을 찾기에 이르렀다. 그것은 '나야말로 약자다'라고 대답하는 것이다. 즉 음식점, 생활보호수급자, 재일교포 등은 특권을 얻기 위해 약자인 척하고 있을 뿐인 '가짜 약자'이며 오히려 그러한 특권을 부여받지 못한 자신이야말로 '진정한 약자'라고 답해버리면 이 귀찮은 질문에서 매우 간편하게 벗어날 수 있다.

강자가 되려고 모두가 각축을 벌이는 신자유주의 풍조 속에서 자신이 약자라고 주장하는 사람이 많아진 상황은 기묘하게 여겨질지도 모른다. 그러나 실제로는 신자유주의적 개혁을 통해 사회의 재분배 기능이 무너지고 분배의 기초 자금이 점점 줄어드는 가운데 제한된 이익을 둘러싸고 '약자' 포지션을 차지하기 위한 다툼이 격화되어왔을 것이다. 게다가 코로나 재앙은 그러한 상황에 한층 박차를 가하게 되었다.

여기서 다시 한번 자숙 경찰에 대해 생각해보자. 그들은 자기 스스로 코로나 재앙의 잠재적 피해자, 즉 감염 위험에 노출된 자로 간주하고 약자로 인정한다. 한편 영업을 계속하려는 점포 등은 감염 위험을 퍼뜨리는 자, 즉 가해자로 간주한다. 약자인 그들이 살아남으려면 가해자를 해치워야 하고 그러기 위해서는 강자의 지지가 필요하다. 그래서 그들은 파친코 가게를 '적'으로서, 즉 가해자로 인정해준 요시무라에게 갈채를 보내고 그 후원자를 얻음으로써 공격을 빠르게 이어나갔다. 그들의 행동 안에는 이러한 논리가 존재했다. 거기에는 결단주의적 정치가로 구현되는 강자에 대한 지향이 강하게 보였지만, 그 이면에는 자신을 약자로 인정하려는 태도가 있었다. 따라서 다른 사람을 약자로 여기고 배려하려는 태도가 생기지 않았을 것이다.

코로나 재앙의 경험을 기회로

이와 같이 코로나 사태는 지난 20여 년간 추진되어온 신자유주의적 개혁의 여러 모습, 특히 그 부정적인 측면을 복잡한 양상과 함께 부각했다. 자숙 경찰은 거기에서 초래된 상징적인 존재였다.

그러한 가운데 한편으로 일련의 개혁의 기점이 된 영국

등에서는 이번 경험을 계기로 지금까지 수십 년에 걸쳐 계속 붕괴되어온 복지 국가 체제를 조금씩 되찾으려는 움직임이 보였다. 예를 들면 신종 코로나바이러스에 감염된 보리스 존슨 총리는 2020년 5월 회복한 이후 영상 메시지를 통해 "사회는 틀림없이 존재한다"라고 말해 큰 화제를 불러일으켰다. 이 발언은 과거 개혁을 강력하게 추진했던 마거릿 대처 총리가 1987년에 한 발언인 "사회는 존재하지 않는다"를 뒤집은 것이었다.

그러나 일본의 경우 과거의 체제를 되찾으려 한다고 할 수는 없다. 개혁의 실질적인 대상이 되었던 것이 근대적인 복지 사회의 방식이라기보다는 전근대적인 '무라 사회'의 방식이었기 때문이다. 신자유주의적인 약육강식의 논리가 바람직하지 않다고 해서 전체주의 논리나 봉건주의 논리로 되돌아가자고 주장하는 사람은 없을 것이다. 그렇다면 우리는 향후 무언가를 되찾아가기보다는 무언가를 만들어내야 한다.

여기서 다시 생각해보자. '누가 약자인가'라는 물음은 복지 국가를 운영하면서 피할 수 없다. 약자 구제가 그 목적인 이상, 누구를 구제해야 할지를 먼저 결정해야 하기 때문이다.

그러나 과거의 일본에서는 농민이나 중소기업 같은 약자가 자민당 정치가나 관료에 의해서 지켜지듯이 모종의 퍼터널리즘paternalism(온정주의)에 근거한 유사 복지 국가 체제가 만들어졌기 때문에 이 물음에 관한 답을 고민할 때 시민과의 합의가 이루어지지는 않았다. 게다가 그 후에 신자유주의적인 개혁을 통해서 그러한 체제조차 붕괴되어가는 가운데 이 물음이 여러 분단을 불렀고, 거기에서 벗어나기 위한 무책임한 대답이 만연해진 것은 앞에서 본 바와 같다. 아마도 우리는 시민으로서 이 물음과 마주하는 경험을 지금까지 충분히 못 한 것이 아닐까. 그렇다면 앞으로 우리는 그런 기회를 만들어나가야 할 것이다.

거기에 필요한 것은 '나야말로 약자다'라며 다른 사람에게 책임을 물으려는 태도가 아니라 시민의 책무로서 '누가 약자인가'를 생각하려는 태도다. 이번 코로나 사태는 그 사실을 여실히 보여준다.

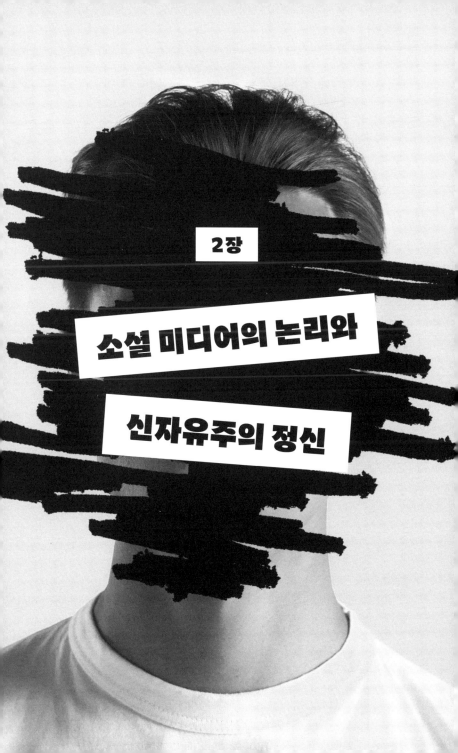

2장

소셜 미디어의 논리와

신자유주의 정신

아르바이트 테러 소동을 둘러싼 플레이밍

특히 2010년대 이후에 소셜 미디어가 보급되면서 플레이 밍 소동이 잇따랐고 세상이 자주 떠들썩해졌다. 이러한 움 직임의 단초가 된 것은 이른바 어리석은 트위터 사용자들이 벌인 일련의 '아르바이트 테러 소동'이었다. 젊은이들이 아 르바이트하는 장소 등에서 장난을 치는 모습을 스마트폰으 로 촬영해 소셜 미디어에 올렸는데, 특히 트위터에 올렸더 니 심각한 비난을 받게 되었다. 2011년경부터 이러한 사례 가 증가했고, 2013년에는 절정에 이르렀다. 특히 그해 여름에는 편의점, 햄버거 가게, 메밀국숫집, 스테이크 가게, 피자 가게, 슈퍼마켓 등에서 비슷한 사례가 잇따라 큰 사회 문제가 되었다.

그 후 계몽 활동이 활발하게 진행되고 경솔하게 게시물을 올리지 않도록 호소하기도 해서 한때는 진정되었다. 하지만 인스타그램이나 틱톡 등 새로운 소셜 미디어의 보급과 함께 움직임이 되풀이된 2021년 봄에는 편의점, 피자 가게, 카레 가게 등에서 같은 일이 반복되었다.

대부분의 경우, 그런 게시물을 작성하는 사람은 매우 가벼운 마음으로 동료나 친구끼리 재미를 공유하기 위해 장난치는 모습을 올린다. 그들도 나름대로 조심은 하고 있으며 최근에는 이른바 비공개 계정이나 시간이 지나면 자동으로 사라지는 스토리 동영상 등을 이용해 한정된 사람에게만 보이도록 올리는 경우가 늘어나고 있다.

그러나 그럼에도 불구하고 그러한 게시물이 유출되어 확산되고 만다. 그뿐만 아니라 가게 위치나 때로는 올린 사람의 이름과 신원, 더욱이 다양한 개인 정보까지 특정되어 버린다. 그들이 다니는 학교나 취업이 내정된 회사 이름까지 노출되기도 한다.

그 결과 '비위생적이다!'와 같은 불만이 가게에 쇄도하고, 때로는 학교나 취직한 회사에까지 항의가 이어진다. 대부분 게시자는 가게에서 해고되지만 그것만으로 끝나지 않고 더욱 중대한 처벌을 받는 경우도 많다. 또한 가게도 큰 타격을 입기 일쑤다.

이러한 사례가 2010년대 이후 몇 번이고 반복되어왔다. 그렇다면 그 배경에는 무엇이 있었을까. 이번 장에서는 이 문제에 대해 살펴보겠다.

비난하기 때문에 범죄가 된다

가장 먼저 일련의 소동이 정점에 다다른 2013년 여름 특히 문제가 되었던 일을 되돌아보자.

그해 7월에는 도쿄의 메밀국숫집에서 아르바이트하던 대학생들이 주방에서 장난치는 사진을 찍어 올렸고, 인터넷상에서 비난이 쏟아졌다. 이후 해당 가게는 항의 전화가 쇄도해 더 이상 영업을 계속할 수 없게 되었고 약 3개월 후에 파산했다. 그 때문에 점주는 그들에게 손해 배상을 청구하는 소송을 제기했다.

또한 8월에는 도쿄의 스테이크 체인점에서 아르바이트하던 학생이 냉장고 안에 들어간 사진을 올렸는데 역시 엄청난 비난이 쏟아졌고, 가게는 그다음 날부터 휴업하고 일주일 후에는 문을 닫기에 이르렀다. 학생이 다니던 보육교사 전문학교에도 항의가 접수되었고 학생은 당분간 집 밖으로 나오지 못했다.

게다가 같은 해 8월에는 이바라키현의 슈퍼마켓에서 아르바이트를 하던 학생이 냉장 진열장 위에 누워 있는 사진을 올렸고 역시 인터넷이 뜨겁게 불타올랐다. 학생이 다니던 조리사 전문학교는 그다음 날 바로 "음식업 종사자로서의 윤리관이 현저하게 부족하기에 일어난 문제"라며 사죄했고 학생은 퇴학하기에 이르렀다.

이렇게 젊은이들은 사소한 장난의 대가로 가혹할 정도의 엄벌을 받게 되었다. 그것은 그들의 삶 자체를 흔들어버리거나 끝내버릴 수 있을 정도로 무거운 벌이었다고 말할 수 있다.

물론 실제로 그들이 한 짓은 용서받을 수 없는 일이기는 하다. 하지만 그렇다고 대단한 악행이라고 할 만한 일이었을까. 행위 자체의 내실로만 본다면 역시 사소한 장난 정도였다고 할 수 있다. 그럼에도 그들에게 내려진 사회적인 벌은 매우 엄격했다.

그렇다면 그들에게 내려진 엄격한 벌은 무엇에 근거한 것이었을까. 행위 자체의 악독함보다는 거기서 생겨난 비난의 크기에 따른 것이 아닐까.

그들이 가게에서 해고된 것은 가게에 항의가 쇄도했기 때문이고, 학교에서 퇴학당한 것은 학교에 항의가 접수되었기 때문이다. 또한 가게가 그들에게 손해 배상을 청구한 것도 항의 전화가 쏟아져 영업을 계속할 수 없게 되어 파산했기 때문이다. 반대로 말하면 제삼자로부터 비난이 쇄도하지 않았다면 가게나 학교도 이 사건을 그다지 중대시하지 않고 약간의 훈계 정도로 끝냈을지도 모른다.

그러나 엄청난 비난에 두려움을 느낀 가게나 학교, 특히 외식 체인점이나 조리사 전문학교 등의 경우에는 브랜드 이미지 훼손을 막기 위해 가능한 한 빨리, 게다가 단호한 태도로 사태에 임하려고 했다. 아마도 그러한 자세를 세상에 강하게 내보이려고 했을 것이고 그에 따라 무거운 처벌이 내려졌으리라. 따라서 그들에 대한 처벌의 무게는 실질적으로 제삼자로부터 받은 비난의 크기가 결정했다고 본다.

실제로 그것은 굉장했다. 스테이크 체인점에 의하면, 단 며칠 사이에 "클레임이 5센티미터 정도의 두꺼운 파일에 가득" 차 있었다고 한다. 게다가 그러한 불만을 제기한 사람들은 대부분 현지의 단골손님이 아니라 가게와는 아무런 관련이 없는 일반인이었다. 국수 가게 주인에 의하면 "발신 번호를 확인해보니 전국에서 항의 전화가 빗발쳤다"고 한다. 이렇게 제삼자로부터의 비난의 크기가 그들에 대한 처벌의 무게를, 심지어 그 죄의 무게를 결정하고 있었다.

사회학자 에밀 뒤르켐은 일찍이 "우리는 어떤 행위가 범죄이기 때문에 그것을 비난하는 것이 아니라, 우리가 그것을 비난하기 때문에 범죄인 것이다"라고 논한 적이 있다. 즉 범죄가 범죄인 것은 그 행위 자체에 내재한 성질 때문이 아니라 사람들이 그것을 비난하기 때문이라는 이야기다. 그 결과, 그것이 범죄로 취급받게 되어 더욱더 범죄가 된다.

또한 이와 관련하여 사회학자 하워드 베커는 "사회 집단은 이것을 범하면 일탈이라고 하는 규칙을 만들고, 그것을 특정인에게 적용하고 그들에게 아웃사이더 딱지를 붙임으로써 일탈을 낳는다"라고 말했다. 즉 일탈 행위가 일탈 행위인 이유도 그것을 단속하고 통제하려는 사람들이 특정인을 일탈자로 취급하기 때문이라는 주장이다.

존 키츠세John Kitsuse와 말콤 스펙터Malcolm Spector는 이러한 논의를 사회 문제의 영역에 적용해 다음과 같이 논했다. 사회 문제란, 어떤 "상태에 대해 불만을 말하고 클레임을 제기하는 개인이나 그룹의 활동"에서 생겨난다고 했다. 즉, 사회 문제가 사회 문제인 이유는 그것을 문제 삼는 사람들이 클레임을 제기하기 때문이라는 것이다.

이러한 논의는 '구축주의'라는 입장과 관련된다. 이것은 범죄, 일탈 행위, 사회 문제 등이 반드시 객관적으로 존재하지는 않으며 사회 측의 압력을 통해 '구축'되어간다고 생각하는 입장이다. 이러한 견해는 아르바이트 테러 소동에도 들어맞지 않을까.

아르바이트 테러 소동의 경우에는 젊은이들의 사소한 장난이 중대한 일탈 행위로 간주되어 범죄 혹은 사회 문제가 되기에 이르렀지만, 사태의 심각성은 그들의 행위만으로는 설명할 수 없다. 그런 사태를 초래한 것은 오히려 제삼자의 엄청난 비난이라는 사회 측에서 가한 압력이었다. 그렇다면 이러한 일련의 소동은 사회가 만들어냈다고 할 수 있지 않을까.

게시자, 고발자, 질책자

어기서 먼저 생가해보자. 일반적으로 아르바이트 테러 소동은 '테러'라는 말에서 나타나듯이 게시자가 '나쁜 짓'을 함으로써 일어난다고 여겨진다. 그러나 실제로 그 행위만으로는 플레이밍에 이르지 않는다. 작은 장난이 대대적으로 번지려면 불을 지피는 사람뿐만 아니라 그것을 크게 타오르게 하는 사람이나 불길이 넓게 번지도록 하는 사람 등 다양한 이들의 관여가 필요하다.

그래서 우선 첫 번째 행위자로서 글을 올린 '게시자'가 있다. 이어서 두 번째 행위자로 '고발자'라는 존재가 있다. 불씨가 될 만한 소재를 어디선가 찾아내어 널리 퍼뜨리고 크게 타오르게 하는 사람들이다. 게다가 그들은 게시자나 그 관계자의 과거 게시물까지 집요하게 파헤쳐 개인 정보를 특정해간다.

앞에서 살펴본 2013년 여름 소동과 관련해 한 IT 기업이 실시한 조사에 의하면 익명 게시판 니찬네루$_{2ch}$(일본의 익명 커뮤니티 사이트로 현재는 '고찬네루$_{5ch}$'로 명칭을 바꿨다-옮긴이)의 이용자 그룹이 물밑에서 정보 교환을 반복하면서 그러한 작업을 하고 있었다고 한다.

그들은 2000년대 초반부터 '무개념 사냥' 등으로 칭하며 부적절한 언행을 블로그 등에 경솔하게 올리는 자를 여기저기서 찾아내어 개인 정보를 폭로하는 '축제'를 거듭해왔다. 그 후 소셜 미디어의 보급과 함께 그 '어장'은 믹시$_{mixi}$(일본의 인터넷 커뮤니티 사이트-옮긴이)에서 트위터로 옮겨간다. 그 과정에서 그들은 '특정반$_{特定班}$' 등으로 칭하게 되었고 정보 교환의 장소 역시 소셜 미디어로 옮겨갔다.

사실 2010년경까지는 그들끼리 즐기는 축제였을 뿐 큰 사회 문제가 될 정도로 확산할 힘은 없었다. 그러나 트위터의 보급과 함께 상황이 변화했다. 더욱 많은 사람들, 게다가 일반 소셜 미디어 이용자들이 (물론 스스로 의식하지는 못했겠지만) 그 축제의 한 날개를 담당하게 된다. 그 결과, 축제가 광역화되어 플레이밍이라는 현상으로 발전해간다.

한편 세 번째 행위자로 '질책자'가 있다. 고발자가 제공한 정보를 보고 충동적으로 반응해 괘씸하다고 화를 내는 사람들이다. 그들은 그저 이유 없이 떠들어대는 무책임한 제삼자에 지나지 않는다. 하지만 강력한 정의감에서 나오는 불의에 대한 격렬한 분노에 사로잡혀 게시자에게 적극적으로 제재를 가하려고 한다. 그러한 행동이 가게 혹은 학교에 대한 항의로 이어지고, 불길을 널리 퍼뜨린다. 실질적으로 플레이밍을 이끌어가는 존재라고 할 수 있다.

이처럼 '게시자, 고발자, 질책자'라는 세 종류의 행위자가 생겨야만 그 연계 플레이를 통해서 아르바이트 테러 소동이 성립하게 된다. 일반적으로 게시자는 한 명, 고발자는 여러 명, 질책자는 더 많은 사람으로 구성된다.

이러한 구조를 구축주의적 관점에 비추어 볼 때 게시자는 '일탈자', 고발자는 '클레임을 부추기는 사람', 질책자는 '통제자'에 해당한다. 이들 셋의 상호 행위를 통해 아르바이트 테러 소동이 '구축'되어가는 셈이다.

규범 형성의 의식

여기서 다시 생각해보자. 게시자는 '나쁜 일'을 하고 있지만 그것을 분명히 '나쁜 일'이라고 의식하고 일을 벌이는 것은 아니다. 그렇기에 주의하라는 경고에도 불구하고 무심코 해버리고 만다. 그에 대해 고발자는 그것이 명백하게 '나쁜 일'이라며 클레임을 제기한다. 그러면 그것을 본 질책자들이 몰려들어 게시자에게 일탈자 딱지를 붙이고 그것이 얼마나 '나쁜 일'인지를 말하며 격렬하게 싸운다. 그 과정에서 그것은 점점 '나쁜 일'이 되어간다. 결국은 '테러', 즉 터무니없이 '나쁜 일'로 간주되고 게시자에게는 엄벌이 내려진다.

질책자가 그렇게 하는 이유는 게시자의 행위를 '나쁜 일'

로 규정하고 '그런 짓을 해서는 안 된다'라는 규범을 정하기 위해서다. 즉, 그들은 사회의 통제자로서 규범 형성이라는 '좋은 일'을 하는 것이다. 그러나 그러한 행위가 점점 확대되어 과도할 정도의 때리기가 되어버리고, 말하자면 그들은 '좋은 일'을 너무 많이 하게 된다. 그리고 그로 인해 플레이밍이 일어난다.

이러한 점으로 미루어 볼 때 아르바이트 테러 소동이 일어나는 것은 게시자가 '나쁜 일'을 저지르기 때문인 동시에 질책자가 '좋은 일'을 너무 많이 해버리기 때문이라고 말할 수 있다. 특히 구축주의적 관점에서 보면 오히려 후자의 측면이 더 중요하지 않을까. 규범 형성을 위한 통제자의 행위가 과열된 결과, 그것이 플레이밍으로 나타나는 것이다.

소셜 미디어가 보급되던 시기에 새로운 사회적 공간이 형성되는 과정에서 '무엇이 허용되고 무엇이 허용되지 않는가'라는 새로운 규범이 모색되고 있었다. 그런 와중에 벌어진 게시자의 행위를 계기로 당시 소셜 미디어 사용자들 사이에는 뒤르켐의 말을 빌리면 '집합적 열광collective effervescence'이 일어났다. 사회 집단이 의식의 장에서 주기적으로 흥분 상태를 만들어내면서 '성스러운 것'과 '속된 것'을 구분함으로써 사회 규범을 세워나가는 행동 양식을 일컫는 말이다.

소셜 미디어 사용자들은 그러한 흥분 상태 속에서 게시자의 행위를 '나쁜 일'로, 그것도 절대적으로 '나쁜 일'로 구분해나갔다. 그 결과로 내려진 옳고 그름의 판단과 그것으로 인해 게시자에게 가해진 제재를 통해 '소셜 미디어 공간에서는 이런 일을 해서는 안 된다'라는 새로운 규범, 말하자면 '소셜 미디어 윤리'가 형성된 것이 아닐까. 그렇다면 아르바이트 테러 소동이란 소셜 미디어 시대의 도래에 따른 규범 형성 움직임의 발현을 위한 의식이었다고 볼 수 있다.

조우형에서 실연형으로

그렇다고는 해도 여전히 의문이 남는다. 규범 형성을 위한 행위를 질책자는 왜 그렇게까지 확대해갔을까. 또 그에 앞서 경솔하게 게시물을 올리지 말라는 요청을 받았음에도 불구하고 게시자는 왜 그러한 행위를 했을까. 게시자가 '나쁜 일'

을 하고 질책자가 '좋은 일'을 너무 많이 한 이유는 무엇일까. 이것들에 대해 좀 더 생각해보자.

먼저 게시자의 행위로 눈을 돌려보자. 아르바이트 테러 소동이 세상을 떠들썩하게 한 것은 2011년경부터이지만, 이 시기와 이후 정점을 찍은 2013년의 사례를 비교해보면 문제가 된 행위의 성격에 분명한 차이가 보인다.

우선 2011년 사례에서는 '조우형'이 많았다. 즉, 우연히 마주친 희귀한 경험을 인터넷에 올렸다. 특히 이 해에는 그 전년에 일본 남자 축구 대표팀이 월드컵 16강에 오른 데 이어 일본 여자 대표팀이 우승한 일 등을 계기로 특히 축구 선수를 둘러싼 논란이 잇따랐다.

예를 들어 1월에는 일본 대표팀 선수 이나모토 쥰이치가 여성 모델과 함께 철판구이점에 방문했다고 그곳에서 아르바이트를 하던 대학생이 인터넷에 올렸다가 엄청난 비난을 받았다. 또 5월에는 하프나 마이크 선수가 아내와 함께 스포츠 용품점에 방문한 모습을 신입 점원이 인터넷에 올렸고 역시 인터넷이 불타올랐다. 게다가 7월에는 구마가이 사키 선수가 참석한 술자리에 우연히 동석하게 된 대학생이 그 모습을 올렸는데, 마찬가지로 비난을 피하지 못했다. 모두 유명인과의 우연한 만남이라는 희귀한 경험을 자랑하고 싶어서 경솔하게 올린 글이 사생활 침해 등의 이유로 비난을 초래한 사례였다.

그러나 2013년에는 이러한 유형은 자취를 감추고 '실연형'이 대다수를 차지했다. 즉 의도적으로 한 재미있는 경험을 보여준 것이다. 특히 그해 여름에는 앞서 이야기한 사례 외에도 햄버거 가게에 있는 빵 위에서 뒹굴거나, 피자 가게에서 싱크대 위에 앉거나, 슈퍼마켓에서 바구니 안으로 들어가는 등 온갖 기이한 행위가 펼쳐졌고 엄청난 비난이 쏟아졌다.

조우형에서 실연형으로, 말하자면 우발적인 경험에서 의도적인 경험을 인터넷에 올리는 형태로 바뀌었는데, 이러한 변화는 무엇을 의미할까. 당시 젊은이들 사이에서 자신의 경험을 어필하고 싶은 욕구, 즉 자기 연출 욕구가 급격히 올라갔음을 보여주는 것이 아닐까.

그러한 어필을 위해서는 진귀한 경험과 우연히 만나기를 바라며 기다리는 것만으로는 충분하지 않다. 그것만으로는 기회가 보장되지 않고 그 내용도 불확실하다. 게다가 진귀한 경험일수록 경험할 기회는 적고 내용도 예측하기 어렵다. 그래서 그들은 의도적으로 그것을 해 보임으로써 어필하려는 경험을 스스로 만들어냈을지도 모른다. 즉, 자기 연출 욕구가 고조되었다고 볼 수 있다.

자기 연출 시장

사회학자 어빙 고프먼은 일찍이 사람들이 일상생활 속에서 하는 자기 연출을 무대 위에서의 연기에 빗대어 '퍼포먼스'로 파악했다. 즉, '퍼포먼스'로서 '관객' 앞에서 각자의 역할에 따라 행동하고, 각각의 장면에 입각한 자기 이미지를 계속 제시함으로써 자기 정체성을 구축하고 유지해나간다고 말했다.

그러한 시각에서 본다면 자기 경험을 어필하기 위한 젊은이들의 실연 행위 또한 자기 연출을 위한 퍼포먼스로 볼 수 있다. 그러나 그 무대가 된 장소, 즉 소셜 미디어 공간은 고프먼이 생각했던 무대와는 여러 가지 면에서 달랐다.

원래 공연자와 관객의 상호 행위 무대가 되었던 곳은 각각의 장면에 입각한 국지적인 장소이며, 그곳에서 펼쳐지는 퍼포먼스는 고유의 공동체 안에서 자기 이미지를 정착시키기 위한 것이었다. 그러나 소셜 미디어의 보급과 함께 그러한 장소의 시간적·공간적 제약이 풀리면서 무대 규모가 더욱 커진다. 이에 사람들은 더욱더 광범위한 관객을 향해 자기 이미지를 방사하게 된다.

게다가 거기에서는 상호 행위가 커뮤니케이션뿐만 아니라 보다 명확한 상호 평가, 더 나아가 모종의 '가치 부여'로서 이루어진다. 그 결과, 소셜 미디어 공간 속 새로운 장소는 단순한 무대가 아니라 어딘가 시장 같은 성격을 지니게 된다. 즉 행위자는 거기서 자기 이미지를 계속 내보이고, 관객은 그것을 받아들일 뿐만 아니라 '좋아요'나 리트윗 등의 반응을 통해서 그것에 대한 평가를 내린다. 그런 평가는 명확하게 수치화되기 때문에 행위자는 더욱 많은 평가를 획득하고자 자기 연출 방법을 궁리한다.

한편, 관객도 단순히 수동적으로 반응만 하는 것이 아니다. 무엇을 어떻게 평가했는지, 어디에 어떤 의견을 달았는지 등 그 평가 방법 자체가 또 다른 관객으로부터 평가받는 행위가 된다. 즉, 관객 또한 반응을 통해서 자기 이미지를 제시하고 행위자가 된다.

그리하여 행위자와 관객이 입장을 바꾸고 서로에 대해 평가를 부여함으로써 서로의 값을 매기고 '시장 가치'를 정해나간다. 많은 평가를 획득한 자는 많은 팔로어를 얻게 되고, 그로부터 더 많은 평가를 획득하게 되므로 그 영향력은 막대해진다.

이른바 주목 경제attention economy, 주목받는 것 자체가 경제적인 가치를 낳는 시스템하에서 '자기 연출 시장'이라고도 할 수 있는 이러한 장소가 소셜 미디어 공간 안에서 형성되어갔다. 2010년대 초반은 그 확장기로 거기에 속속 사람들이 참여해가는 시기였다.

그 결과, 사람들의 자기 연출 방법, 나아가 아이덴티티의 구성 원리가 크게 변용한다. 그것은 모종의 시장 원리와 밀접하게 결합하여 자기 연출을 둘러싼 시장 경쟁으로 사람들을 몰아간다.

반감을 통한 공감

당시에 유행의 중심에 있던 젊은이들이 그런 경쟁에 대한 압력을 가장 강하게 받고 있었으리라. 그들은 타인에게 뒤처지지 않도록 새로운 시장에서 솔선수범해나가고, 그곳에서 뛰어난 플레이어로 인정받고자 다양한 퍼포먼스를 펼친다. 그 과정에서 자기 연출 욕구가 점점 높아지지 않았을까.

다만 시장에서 플레이하기 위해서는 시장 규칙을 따라야 한다. 거기서는 무엇이 허용되고 무엇이 허용되지 않는지, 어떤 태도가 사람들의 공감을 불러일으키고 반대로 무엇이 반감을 사는지를 충분히 분별한 후에 자신의 행동을 컨트롤하면서 평가를 높여나가야 한다.

그래서 우선 가능한 한 많은 주목을 받아야 한다. 다만 그것이 타인의 반감을 사서는 안 된다. 즉 눈에 띄어야 하지만 안 좋게 비쳐서는 안 된다. 그러기 위해서는 반감을 살 만한 태도를 피하면서 공감을 불러일으키는 행동을 잘 연출해나갈 필요가 있다. 그런 행동 방식이 새로운 시장에서의 행동 규범이 되고 나아가 소셜 미디어 공간에서의 리터러시

(정보 이해 능력)가 된다.

그리하여 새로운 규범이 생겨나고 많은 플레이어가 이를 위한 리터러시를 기르고자, 특히 세련된 자기 어필 수법을 자기 것으로 만들고자 시행착오를 겪는다. 그러나 일부 젊은 이들, 즉 '바보 트위터'(트위터에 자신이 올린 글 때문에 스스로 곤경에 빠지는 사용자를 야유하는 표현-옮긴이)는 자기 연출 욕구에 사로잡혀 유치하고 경솔한 자기 어필로 폭주해버린다.

그것은 웃음을 자아내는 모습으로 주목을 받고 동료들 사이에서 공감을 불러일으키려고 그들 나름대로 고민한 퍼포먼스였을 것이다. 그러나 그 유치함과 경솔함 때문에 반대로 주위의 반감을 사게 된다. 그런 점을 고발자로서 엄격하게 지적한 대표적인 존재가 당시에 정보 강자로서 자리매김한 니찬네루였다.

그들은 스마트폰과 소셜 미디어의 시대가 되어 새로운 시장을 위한 세계적인 리터러시를 몸에 익혀야 함에도 불구하고 아직도 '갈라파고스 휴대폰' 시대에 머무는 듯 공동체의 지역 관습을 따라 자기들만의 재미에 집착하는 '바보 트위터'의 멍청함, 그 정보 약자들의 모습을 비웃으려 했을 것이다. 그들의 그러한 행위는 일찍이 '무개념 사냥', 즉 상스럽고 경솔한 '날라리'를 표적으로 한 축제의 연장선에 있는 것이었다.

그러자 그에 반응해 많은 소셜 미디어 이용자들이 질책자로서 격렬한 때리기를 펼쳐나간다. 새로운 시장에 속속 뛰어들어 거기서 뛰어난 플레이어로 인정받도록, 그리고 이를 위한 리터러시를 익히라는 압력을 강하게 받고 있던 그들은 글을 게시한 사람에게 새로운 시장의 부적격자 딱지를 붙임으로써 스스로가 적격자임을 증명하려 했을지도 모른다. 말하자면 그들은 게시자를 아웃사이더로 만듦으로써 자신이 인사이더가 되려고 했을 것이다.

사실 그들은 단순히 떠들어대는 방관자가 아니었다. 자기 연출 시장에서는 관객 또한 반응을 함으로써 행위자가 되기 때문이다. 즉, 게시자의 행위에 대해 엄격한 평가를 내린다는 퍼포먼스 자체가 자기 연출이 되고 다른 사람들로부터 평가받는 행위가 된다. 그래서 그들은 게시자를 굳이 강하게 비난하고 새로운 규범의 열성적인 옹호자로 행동함으로써 다른 사람들로부터 더 많은 평가를 얻으려고 했을 것이다.

말하자면 게시자에 대한 반감을 더 강하게 연출함으로써 다른 사람들의 더 많은 공감을 모으려고 했으리라.

그러한 행위가 질책자 상호 간에 반복되면서 각자의 행위가 확대되어가고, 비난의 정도는 점점 더 강해진다. 어떤 사람의 비난을 평가한 자가 다른 사람으로부터 더 많은 평가를 얻으려면 더욱 강하게 비난할 수밖에 없기 때문이다. 그 결과, 엄벌화가 가속화되었을 것이다.

이러한 점으로 미루어 볼 때 아르바이트 테러 소동이란 자기 연출 시장 특유의 메커니즘에 의해 벌어졌다고 볼 수 있다. 게시자가 심한 장난을 한 것도, 거기에 대해 질책자가 도 넘은 비난을 한 것도, 바꿔 말하면 게시자가 '나쁜 일'을 한 것도, 질책자가 '좋은 일'을 과도하게 한 것도 결국은 자기 연출 때문이며 그것을 위한 퍼포먼스가 도를 넘으면서 생겨나지 않았을까.

저지르는 유형에서 해설하는 유형으로

그 후 2010년대 중반이 되자 아르바이트 테러 소동을 일단 진정시키려는 움직임이 일어난다. 계몽 활동이 진행되어 게시자들이 지나친 장난을 삼가게 된 데다 소셜 미디어 공간에서의 행동 규범이 어느 정도 확립되었기에 질책자들도 과도하게 비난할 필요가 없어졌기 때문이다. 그러나 한편으로 다른 유형의 플레이밍 소동이 잇따라 일어났고 더욱더 자주 세상을 떠들썩하게 만든다.

예를 들어 2015~2016년에는 TV 광고나 홍보 미디어 등의 부적절한 표현이 문제가 되어 차례차례 플레이밍이 일어났다. 기업의 TV 광고 중에서는 2015년 3월 루미네, 2015년 10월 AGF 블렌디, 2016년 4월 닛신 컵 누들, 2016년 9월 시세이도 인터그레이트 등이 문제가 되었다. 또한 지방 자치 단체의 홍보 미디어 중에서는 2015년 8월 시마시의 '아오시마 메구', 2015년 12월 미노카모시의 '노린 미소녀', 2016년 9월 시부시시의 '장어 미소녀', 2016년 10월 도쿄메트로의 '에키노 미치카' 등이 문제가 되었다. 게다가 2016년에는 특히 연예인의 불륜 문제로 연거푸 플레이밍이 일어났다. 베키와 가와타니 에논과 관련해 1월에 격렬하게 플레이밍이 벌어진 데 이어 2월에는 미야자키 겐스케, 가노 히데타카, 3월에는 오토타케 히로유키, 토니카쿠 아카루이 야스무라, 6월에는 펑키 가토, 산유테이 엔라쿠, 9월에는 나카무라 하시노스케, 10월에는 고부치 겐타로 등 여러 인물이 도마 위에 올랐다.

그 후, 2018년에는 스포츠 지도자에 의한 괴롭힘이 문제가 되어 연달아 플레이밍이 일어났다. 4월에는 일본 여자 레슬링의 사카에 가즈히토, 5월에는 니혼대학 미식축구부의 우치다 마사토, 8월에는 일본 복싱 연맹의 야마네 아키라, 일본 체조 협회의 쓰카하라 미쓰오, 쓰카하라 지에코 등 역시 다양한 인물이 도마 위에 올랐다.

이렇게 2010년대 중반 이후 여러 소동이 일어나는 가운데 플레이밍이라는 현상의 성격도 변화해간다. 아르바이트 테러와 같은 사적인 행위보다는 성차별적인 광고 표현이나 연예인의 불륜, 스포츠계의 괴롭힘 등 공적인 화제가 불씨가 되어 사람들이 일제히 비난을 퍼부음으로써 플레이밍이 일어나게 된다.

그러한 상황에 응해 2016년의 플레이밍 소동을 되돌아보며 쓰인 잡지 기사 「2016년 플레이밍 랭킹」(다이아몬드 온라인)에서는 플레이밍의 주류가 아르바이트 테러 소동과 같은 나쁜 짓을 '저지르는 유형'에서 공적인 화제에 사람들이 말을 얹는 '해설가형'으로 변화했다고 논했다.

그러나 실제로 그 기본적인 구조가 변화한 것은 아니었다. 아르바이트 테러 소동의 경우에도 실질적으로는 질책자가 '해설가'로서 플레이밍을 이끌어갔고, 공적인 화제를 둘러싼 플레이밍의 경우에도 광고 회사, 연예인, 스포츠 지도자 등이 '저질러버린' 일이 불씨가 되었기 때문이다. 둘 다 '저질러버린' 일탈자에게 '해설가'인 통제자가 딱지를 붙임으로써 플레이밍이 일어난다는 기본적인 구조는 동일하다.

그렇다면 '해설가형 플레이밍'이 주류를 이루면서 원래의 구조가 더욱 현저하게 나타난 것은 아닐까? 거기에는 아르바이트 테러 소동보다 더 뚜렷하게 두 가지 압력이 강하게 작용했다고 볼 수 있다. 하나는 규범 형성의 압력이며 사회의 집단적인 요청에 근거한 것이다. 다른 하나는 자기 연출의 압력으로 개인의 이기적인 요청에 근거한 것이다. 이후에 각각에 대해 더 살펴보자.

도덕적 기업가의 시대

해설가형 플레이밍은 대부분 '옛날에는 용서받았지만 지금은 안 된다'라고 하는 문제의식과 관련된다. 예를 들어 성차별적인 광고 표현의 경우 과거에는 전통적인 성 역할에 따른 분업을 전제로 한 광고가 만들어지기도 했으나 지금은 허용되지 않는다. 연예인의 불륜에 대해서도 과거에는 '불륜은 문화다'라는 등 너그럽게 받아들여졌지만 지금은 용서받지 못한다. 또한 과거에는 스포츠계의 기합도 '근성'을 단련하기 위한 '훈련'의 일종으로 인정하기도 했지만 지금은 용서받지 못한다.

이와 같이 과거에는 나름대로 허용되었던 일에 대해 지금은 중대한 일탈 행위에 해당한다는 딱지를 다시 붙이는 것, 즉 일탈 행위를 재정의하는 일이 플레이밍의 요점이 되었다. 그렇게 함으로써 사람들은 '성차별, 불륜, 스포츠계의 기합 등은 절대로 해서는 안 된다'라고 하는 새로운 규범을 새 시대에 맞게 고쳐 사회의 가치관을 업데이트하려고 하지 않았을까.

특히 2010년대 후반은 2016년 7월에 아키히토 전 일왕이 퇴위 의향을 드러내 헤이세이 시대가 끝날 것임을 알리고 나서 2019년 5월에 레이와 시대가 시작될 때까지의 기간, 말하자면 시대의 이행 기간이었다. 그러한 분위기 속에서 사람들은 그 사이에 업데이트 작업을 끝내고 싶어 안달이 났을 것이다. 그러한 초조함이 플레이밍을 낳았다. 그 결과, 구시대의 흔적이 남은 듯한 일들이 차례차례로 공격 대상이 되었고 책망을 들어야 했다.

이러한 점에서 볼 때, 해설가형 플레이밍이 일어나는 곳에서는 아르바이트 테러 소동의 경우보다 훨씬 대규모로 규범을 형성하려는 움직임이 추진되고 있었다고 할 수 있다. 아르바이트 테러 소동에서는 소셜 미디어 공간에서의 행동 규범을 정하는 일이 중요했던 반면, 해설가형 플레이밍에서는 새로운 시대에 입각해 더욱 광범위하게 사회 규범을 정하는 일이 중요했기 때문이다. 아마도 거기서는 새 시대를 향한 통과 의례로서 어떤 의미로는 국민적인 의식이 거행되지 않았을까.

다만 그러한 행위로 사람들을 강하게 몰아간 것이 사회적인 요청의 압력만은 아니었다고 생각한다. 오히려 스스로 새로운 시대를 놓치지 않도록, 그리고 다른 사람에게 뒤처지지 않도록 자신의 위치를 지키려는 개인적인 요청의 압력으로부터 너도나도 새로운 움직임에 관여했을지도 모른다.

그러한 흐름을 놓쳐 구시대 속에 남겨지면 타인에게 평가받을 수 없을 뿐만 아니라, 잘못하면 비난의 대상이 되기도 한다. 그렇기 때문에 거기에는 또 다른 개인적인 초조함이 있고, 그것이 새로운 움직임에 대한 관여를, 나아가 플레이밍을 가속화했을 것이다.

그때 자기 연출 시장으로서 소셜 미디어 공간이 큰 역할을 한다. 사람들은 거기서 자기가 새로운 움직임에 얼마나 참여하고 있는지를 행위자로서 관객에게 드러낸다. 심지어 관객이 되어 행위자에게 반응하고 그것을 다른 관객에게 나타내고, 그런 상호 행위를 반복하면서 '의식의 높이'를, 심지어 새로운 시대를 향한 '시장 적합도'를 서로 정해간다.

그 한가운데에 던져진 다양한 사례들은 사람들에게 자신을 어필하기 위한 절호의 기회가 되었다. 그래서 사람들은 일탈자들을 굳이 강하게 비난하고 새로운 규범의 열성적인 추진자로 행동함으로써 다른 사람의 평가를 더 많이 얻고자 하지 않았을까. 말하자면 낡은 시대에 대한 반감을 더 강하게 연출함으로써 새 시대로부터 더 많은 공감을 동원하려 하지 않았을까.

게다가 그때, 부적절한 광고 표현은 특히 알맞은 재료가 되었다. 예를 들면 문제가 된 일부 광고는 언뜻 봤을 때는 어디가 잘못됐는지 알 수 없어서 누군가 문제를 제기하고 그 이유를 듣고 나서야 비로소 아는 경우도 많았다. 문제를 지적하고 어디가 나쁜지를 해설하는 사람은 그 고도의 독해 능력을 통해서 '의식의 높이'를 효과적으로 드러낼 수 있었다.

덧붙여 거기에서는 역시 모종의 리터러시가 문제가 되고 있었다는 사실에 주목해야 한다. 그리고 민감하게 표상을 해독하는 힘이 리터러시의 일부가 되어 그것을 갖춘 자가 새로운 시대의 '정보 강자'로 자리매김한다. 한편, 원래는 정보 발신 전문가인 광고 회사 등이 새로운 규범에 민감하지 않다고 하여 아이러니하게도 '정보 약자'로 자리매김한다. 이것은 아르바이트 테러 소동 당시 고발자와 게시자의 관계와 어딘가 통하는 부분이 있다.

이와 같이 해설가형 플레이밍이 일어나는 곳에는 두 가지 압력, 즉 규범 형성 압력과 자기 연출 압력이 함께 강하게 작용하고 있었다. 그것들은 사회적인 요청으로서, 다른 한편으로는 개인적인 요청으로서 사람들을 움직이게 하고 다양한 플레이밍 소동을 일으켰다.

일찍이 하워드 베커는 통제자 중에서도 유달리 열성적인 사람들을 '도덕적 기업가'라고 불렀다. 도덕을 수립하는 사업을 일으키는 사람들이라는 뜻인데, 역시 도덕을 보급하겠다는 사회적인 요청과 사업을 성공시키겠다는 개인적인 요청이라는 두 가지 측면이 포착되었다. 그런 의미에서 보면 2010년대는 도덕을 수립하는 사업을 일으키는 사람들이 맹활약한 시대가 아닐까.

평가를 위한 경쟁, 감시하에서의 제재

그리하여 2010년대를 통해 사람들은 소셜 미디어라는 새로
운 공간에서 다양한 플레이밍 소동을 일으키며 두 가지 행동
양식을 발전시켜나갔다. 끊임없이 경쟁하고 평가하면서 자
기 연출 시장에서 활동하는 행동 양식과 끊임없이 감시하고
제재를 가하며 규범 형성 의식을 실행하는 행동 양식이다.

이 두 가지 행동 양식이 모두 우세해진 시대, 즉 평가를
위한 경쟁이 끊임없이 펼쳐지고 감시와 제재가 끊임없이 반
복되는 상황이 당연해진 시대야말로 2010년대였다고 할 수
있다.

그렇다면 무엇이 그러한 상황을 초래했을까. 물론 소셜
미디어의 보급이라는 움직임이 그 직접적인 배경이 되었음
은 확실하다. 그러나 또한 그 배경에는 사회 전체 구조와 관
련된 더욱더 큰 움직임이 있지 않았을까. 이후에 더 생각해
보자.

2010년대보다 앞선 시대, 즉 2000년대는 이른바 신
자유주의적 개혁이 대규모로 추진되던 시대였다. 특히

2000년대 전반에는 고이즈미 준이치로 정권하에서 다양한 영역에 걸친 '구조 개혁'이 급속히 진행되었다. 그 목적은 시장 원리에 따른 자유 경쟁을 촉진하기 위해 '작은 정부'를 지향한다는 것이었는데, '사전 규제에서 사후 감시로'라는 사고방식이 기본 이념 중 하나가 되었다. 즉, 사전에 규제하여 사람들의 활동을 미리 조정하는 것이 아니라, 그런 규제는 가능한 한 적게 하고 자유롭게 경쟁하도록 하면서 한편으로 규칙 위반이 일어날 경우를 대비하여 사후 감시를 엄격히 하고 적절한 제재를 가할 수 있도록 한다는 사고방식이다.

단적으로 말하면 그것의 목표는 경쟁을 용이하게 하고 제재하기 쉽게 만들기 위한 환경 조성이었다. 전자를 위해서는 규제 개혁, 행정 개혁, 경제 제도 개혁 등이 이루어지고 규제 완화가 추진되었다. 한편, 후자를 위해서는 사법 제도 개혁 등이 이루어졌다. 예를 들면 재판원 제도(한국의 국민 참여 재판에 해당한다-옮긴이)를 창설하여 시민 재판을 실현하거나, 공익 제보자 보호법을 제정하여 내부 고발 행위를 보호한 것도 후자를 위한 개혁의 일환이었다.

이렇게 여러 개혁이 이루어지면서 사람들의 행동 방식에도 큰 변화가 생긴다. 사람들은 자유로운 시장으로 나가 제재를 받지 않고 경쟁을 벌여나갈 것을 강하게 요구받았다. 거기서는 당국이 규제로서 규칙을 정하는 것이 아니라 경쟁을 벌이는 플레이어끼리 서로 감시하면서 규범으로서 규칙을 서로 정한다. 규제가 약해지는 만큼 활동의 자율성이 높아지지만, 한편으로 감시가 강해지기에 부적절한 활동을 삼가게 된다.

그래서 요구된 것이 거버넌스, 법령 준수(컴플라이언스), 내부 통제 등의 태도였다. 즉 자유롭고 큰 바닷속에 있기 때문에 법령뿐만 아니라 다양한 규범을 적극적으로 준수함으로써 자신을 엄격하게 통치하고 통제해나가야 한다. 그것이 자유로운 경쟁을 위한 조건이 된다는 사고방식이다. 2000년 12월에 '행정 개혁 대강령'이 각의 결정된 후 2001년 1월에는 내각부에 '컴플라이언스 연구회'가 설치되어 그러한 사고방식이 정비되어갔다.

처음에 이러한 행동 규범은 특히 기업에 요구되었으나 그 후 개인 안에도 침투해 서서히 내면화되어갔다. 이윽고 그것은 사람들의 사고방식이나 생활 방식을 규율하는 것으로서 사회생활의 구석구석까지 퍼져나간다.

이렇게 해서 2000년대에 급속히 진행된 신자유주의적인 여러 개혁과 그에 수반하는 사람들의 의식 개혁, 의식 변용의 성과 위에 2010년대에 이르러 형성된 것이 소셜 미디어 공간이라는 새로운 장소였다. 그렇기에 그곳에서의 행동 규범, 말하자면 소셜 미디어 윤리는 그 하부 구조에서 사람들의 행동 규범, 즉 신자유주의 정신의 영향을 강하게 받지 않았을까.

사람들은 그곳에서 평가를 위한 경쟁을 벌이며 감시와 제재를 끊임없이 반복한다. 규칙을 잘 지키는지 엄격하게 추궁하고 그것을 조금이라도 위반한 사람이 있으면 바로 내부 고발하고 시민 재판인 플레이밍을 통해 제재를 가한다. 게다가 그곳에서는 규제가 극도로 약해져 있는 만큼 무엇이든 말할 수 있지만, 한편으로는 감시가 극도로 강화되어 있어서 아무 말도 할 수 없다. 결국 자유롭고 무질서하면서 불편하고 답답한 언론 공간이 형성된다.

오늘날 소셜 미디어 공간이 지닌 이러한 특성은 과거의

'성역 없는 구조 개혁'이 자기 연출 방식이나 정체성 구성 원리, 거기에 규범 형성 방식이나 통과 의례 양식 등 인간 사회의 '성역'에까지 깊숙이 파고들어 그 '구조 개혁'을 추진해나감으로써 초래된 것이 아닐까. 일련의 플레이밍 소동이 그 사실을 여실히 보여준다.

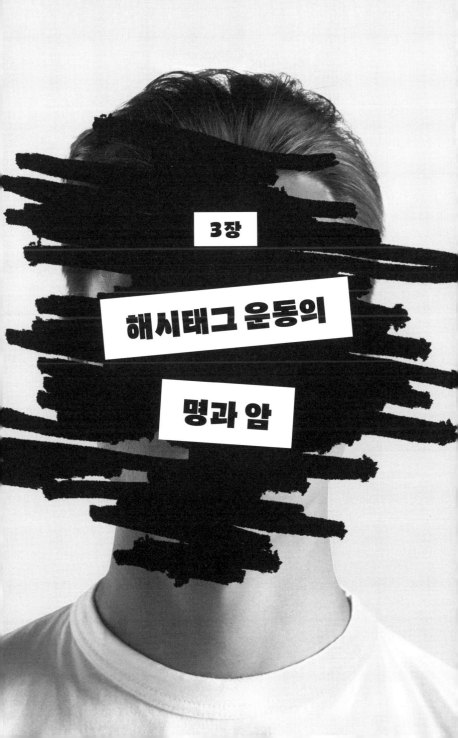

3장

해시태그 운동의

명과 암

검찰청법 개정안 항의 운동과 BLMBlack Lives Matter 운동

코로나19 사태가 점점 거세지던 2020년 6월, 검찰청법 개정안이 여론의 강한 반발로 인해 폐기될 위기에 몰렸다. 검찰관 정년을 늘리자는 취지의 법안이었으나 검찰청 간부 정년도 정부 판단으로 연장할 수 있도록 하는 특례가 포함되어 있었다. 이에 당시 아베 신조 정권과 가까운 인물을 의식한 것이 아니냐며 자의적인 정권 운영에 대한 반발이 거세지자 정부는 법안 통과를 보류하기로 결의했다.

그때 여론 형성의 중심이 된 것은 트위터에서 벌어진 많은 사람이 참여한 항의 운동이었다. 중의원 내각위원회에서 심의가 시작된 5월 8일, 한 여성이 트위터 메시지에 '#검찰청법개정안에항의합니다'라는 해시태그를 붙여 글을 올렸고, 이 해시태그가 붙은 트윗이 단번에 퍼져나갔다. 그 후 나흘간 게시된 관련 트윗은 리트윗을 포함해 664만여 건, 투고자 수는 70만여 명에 이르렀다.

게다가 이때 많은 연예인이 이 움직임에 동참하여 주목을 받았다. 캬리 파뮤파뮤, 고이즈미 교코, 아사노 다다노부, 아키모토 사야카 등 그동안 정치적인 발언과는 거리가 멀다고 여겨졌던 연예인들이 차례차례 목소리를 내며 이 움직임을 한층 더 고조시켰다.

한편, 미국에서는 이 무렵 BLM Black Lives Matter('흑인의 생명도 소중하다'는 의미로, 2012년 미국에서 흑인 소년을 살해한 백인이 무죄 판결을 받고 풀려나면서 시작된 흑인 민권 운동-옮긴이) 운동이 엄청난 열풍을 불러일으켰다. 5월 25일 미네소타주 미니애폴리스에서 흑인 남성이 백인 경관에게 폭행을 당해 사망하는 사건이 일어났는데, 그것을 계기로 인종 차별에 대한 항의 운동이 단번에 고조되었다. 대통령 선거를 목전에 두고 당시 도널드 트럼프 대통령이 좌파에 대한 압박을 강화하는 태도를 보인 가운데, 그런 움직임에 대한 반발도 있어 각지에서 대대적인 시위가 벌어졌다. 그러한 규모는 1960년대 민권 운동 이후 처음이라고 한다.

이 운동의 명칭은 '#BlackLivesMatter'라는 해시태그에서 유래한 것이었다. 2012년 2월에 플로리다주에서 흑인 소년이 자경단원에게 사살되는 사건이 일어났는데 그 피고인이 2013년 7월에 무죄로 풀려나자 한 여성이 페이스북에 올린 메시지에 이 문구가 포함되어 있었고, 그것이 해시태그로 퍼져나갔다. 그 후 비슷한 사건이 반복될 때마다 이 해시태그가 사용되었고, 이것은 반인종차별 운동의 슬로건이 되었다. 그것이 다시 한번 큰 역할을 맡은 것이 이번 움직임이었다.

이렇게 2020년 봄에는 코로나19 사태에 대한 불안감, 그리고 그에 따른 정권에 대한 불만을 단번에 폭발시키듯 일본과 미국에서도 해시태그를 슬로건으로 하는 항의 운동이 큰 열기를 보였다. 그 후 얼마 지나지 않아 일본에서는 아베 총리가 사퇴 의사를 표명하고, 미국에서는 트럼프 대통령이 대선에서 패하면서 정치적인 풍경이 매우 달라지기에 이르렀는데, 마치 그러한 엄청난 변화를 불러들인 듯한 격렬한 움직임이었다.

원래 해시태그(#)란, 소셜 미디어에 올라온 글을 범주화하기 위한 라벨로 사용된다. 그러나 오늘날에는 이렇게 사회 운동의 슬로건으로 이용되는 경우가 늘어나고 있다. 사람들이 특정 해시태그와 함께 자기 생각을 올림으로써 그것이 많은 사람의 생각과 결부되어 전체적으로 하나의 운동체가 구성된다. '해시태그 운동'이라고 불리는 이러한 움직임은 온라인뿐만 아니라 오프라인에서도 다양하게 퍼져 이제 사회 전체를 뒤흔들 정도의 큰 영향력을 가지기에 이르렀다. 이 장에서는 이것에 대해 생각해보겠다.

인덱스에서 프레임으로

해시태그 운동의 근원은 트위터의 보급이 급속히 진행된 2009년에 유럽 주변에서 잇따라 일어난 두 민주화 운동에서 찾을 수 있다.

그중 하나는 1991년 소련으로부터 독립한 몰도바에서 4월에 일어난 것이다. 국회의원 선거 의혹을 둘러싸고 수도 키시너우에서 시위가 벌어졌는데, 키시너우 중앙 광장을 나타내는 약자로부터 '#pman'이라는 해시태그가 사용되었다. 다른 하나는 6월에 이란에서 일어난 더욱 큰 규모의 움직임이다. 대통령 선거 의혹을 둘러싸고 이란 전역에서 시위가 벌어졌고 '#iranelection'(이란 선거)이라는 해시태그가 사용되었다.

이 해시태그들은 주로 두 가지 목적으로 사용되었다. 하나는 현지인들에게 시위 참가를 권유한다는 '동원'의 목적, 다른 하나는 국내외 많은 사람에게 시위 상황을 보고하고 지원을 모으겠다는 '발신'의 목적이다. 그러나 직접적인 동원에는 그리 큰 효과를 보지 못했다. 당시에는 아직 소셜 미디어 이용자가 많지 않았고, 오히려 휴대전화 문자메시지가 더 효과적이었기 때문이다.

한편 '발신'에서는 예상외의 효과가 초래되었다. 원래 몰도바나 이란의 상황은 서양 사람들에게는 그다지 친숙하지 않았다. 그러나 서양 거주자나 망명자 등이 현지 상황을 알리는 트윗을 활발히 리트윗했고 그로 인해 서양 사람들 사이에서도 문제의식이 공유되어갔다. 그 결과, 특히 이란 사례의 경우에는 서양의 여러 도시에서도 관련 시위가 벌어지게 된다. 이렇게 발신 목적으로부터 세계적인 동원이라는 결과가 생겨나게 되었다.

그 후, 이러한 움직임은 아랍 지역으로 파급되었고 더욱더 큰 움직임을 낳게 된다. 바로 2010년 12월 튀니지에서 일어난 '재스민 혁명'과 그에 이어 2011년 초 이집트, 예멘, 리비아에서 일어난 일련의 민주화 운동, 이른바 '아랍의 봄'이다.

게다가 그러한 움직임은 서양의 여러 나라에도 파급되어간다. 긴축에 반대하여 2011년 5월에 스페인에서 일어난 '인디그나도스(분노한 사람들) 운동'에 이어, '반격차'를 호소하며 9월에 미국에서 일어난 '오큐파이(점령) 운동'을 통해서 해시태그 운동의 위력이 전 세계에 나타난다.

그해 7월, 인디그나도스 운동에 자극을 받은 캐나다 잡지 〈애드버스터스 Adbusters〉의 발행인이 '#occupywallstreet'(월가를 점거하라)라는 해시태그를 달고 블로그 기사를 올렸고 그것은 단번에 퍼져나갔다. 그 결과, 극히 일부 부유층이 부를 독점하는 상황에 항거하여 "우리는 99퍼센트다"라고 주장하는 젊은이들이 9월 중순부터 약 2개월간 뉴욕의 공원을 점거하기에 이른다.

이 움직임은 미국 전역에, 그리고 전 세계에 알려졌고 동일한 형태의 점거 행동이 각지에서 전개된다. 그 후 미국에서는 한 달간 600개 이상의 도시에서 시위가 일어났다. 또한 그것이 인디그나도스 운동과 합류하여 10월 중순에는 세계의 약 80개국, 900개 이상의 도시에서 일제히 시위가 벌어진다. 그때 각지의 운동을 식별하기 위해 '#occupy○○'이라는 해시태그가 사용되었는데 그 수는 약 500개나 되었다.

이러한 일련의 움직임을 배경으로 역시 이 시기에 일본에서도 같은 움직임이 형성되었다. 2011년 3월의 동일본 대지진과 그에 따른 후쿠시마 제1원자력 발전소 사고가 그 계기였는데, 그것을 시작으로 반원자력 발전 운동의 큰 물결이 일본 전역을 뒤덮어간다.

우선 3월에는 각지의 시위 정보를 취합하기 위한 해시태그 '#no_nukes_demo'(반원전 데모)가 준비되었다. 이어서 4월, 5월, 6월 도쿄에서 연달아 벌어진 대규모 시위를 위한 해시태그 '#410nonuke', '#57nonuke', '#611nonuke'가 퍼져나간다. 나아가 '#genpats_demo'('genpats'는 '원자력 발전소'를 의미한다-옮긴이)나 '#fukushima'(후쿠시마) 등 더욱 일반적인 것도 포함하여 다양한 해시태그가 운용되고 그것들이 난무하는 가운데 반원전 운동의 흐름이 형성되어갔다. 그 후 반년간 행해진 시위는 대략 200건이나 된다.

이렇게 해서 2010년 전후 세계 각지의 움직임과 연동하면서 해시태그 운동의 양식이 확립되어간다. 그 과정에서 해시태그의 사용법 자체도 변화한다.

처음에는 '#pman'이나 '#iranelection' 등과 같이 이해하기 쉬운 점을 중시했고, 정보를 직접적으로 나타내는 즉물적인 것이 많았다. 해시태그가 동원과 발신을 위한 식별자가 되어 운동의 인덱스(색인) 역할을 했다고도 할 수 있다.

그러나 이윽고 '#occupywallstreet'와 같이 더욱 주목

받기 쉽고 함의가 풍부한 것, 문제 제기나 이미지 환기의 힘이 강한 것이 많아진다. 예를 들면 이 해시태그는 부의 상징인 뉴욕의 금융가를 '점거'하도록 호소함으로써 극히 일부 부유층에게 부가 '점거'되고 있는 상황을 암묵적으로 나타낸다고 말할 수 있다.

이와 같이 사람들 인식에 하나의 틀(프레임)을 제시함으로써 사람들이 상황의 정의를 공유하고, 게다가 특정 가치관, 문제 의식, 변혁 지향 등을 공유할 수 있도록 하는 것을 사회 운동론에서는 '프레이밍'이라고 부른다. 해시태그 운동에서는 사람들이 특정 해시태그와 함께 자기 생각을 올리는데, 자신의 경험을 특정 프레임 안에 넣음으로써 그것을 더욱 공공적으로 만들고 다른 사람들과 공유하는 일이 가능해진다. 거기에서는 해시태그가 운동의 프레임 역할을 한다고 말할 수 있다.

덧붙여 해시태그의 그러한 역할이 가장 현저하게 나타난 사례로 여성 차별에 대한 반대를 호소하며 2017년 10월에 미국에서 시작된 '미투(#MeToo)' 운동을 들 수 있다. 성희롱이나 성폭력 피해 경험을 이 해시태그와 함께 여성들이 이야기하는 순간, 그것은 더 이상 단순한 개인적 고백이 아니다. 사회적 고발이 되고 문제 제기가 된다. 또한 사회 변혁에 대한 의지 표명과 그를 위한 연대 표명이 된다. 해시태그는 그녀들의 개인적 경험에 사회적 의미와 문맥을 부여했다.

콜렉티브에서 커넥티브로

초기의 해시태그 운동은 특히 '시위'라는 항의 행동과 강하게 결합되었다. 말하자면 현실 장소에서 벌어지는 시위를 온라인 공간에서 지원하기 위한 것이었다. 그러나 그 후, 그것은 시위 이외의 여러 활동과 연결되어 현실과 온라인 공간 양쪽에서 다양한 형태의 운동을 실현하게 된다.

예를 들면 2011년 3월, 대지진 직후 일본에서는 불안과 혼란 속에서 다양한 운동 양상이 나타났는데, 반원자력 발전 운동 이외에도 더욱더 생활에 밀착한 절전이나 매점 방지 등을 호소하는 운동이 고조되었다. 이를 위한 해시태그가 많이 제안되었고, 다양한 커뮤니티에서 운용되었다.

우선 서브컬처 애호자들 사이에서는 애니메이션 〈신세기 에반게리온〉의 에피소드를 본떠 전력을 절약하자는 '#84ma'(〈신세기 에반게리온〉에 나온 '야시마 작전'에서 온 것으로, 일본어 발음으로 8은 '야', 4는 '시', ma는 '마', 합쳐서 '야시마'를 나타낸다-옮긴이)나 코미디언 우에시마 류헤이의 예능을 본떠 물자를 서로 양보하자는 '#ueshima(우에시마)' 등의 해시태그가 점점 유행했다.

또한 카피라이터나 디자이너 사이에서는 절전을 호소하는 캐치프레이즈를 고안하자는 '#setsudencopy'(일본어로 'setsuden'은 절전을 의미하는데, 즉 '절전 카피'라는 뜻이다-옮긴이)나 사재기 방지를 호소하는 포스터를 제작하자는 '#nokaishime'('kaishime'는 '사재기'를 의미한다-옮긴이) 등의 해시태그가 유행했다. 그중에서도 '#nokaishime'의 영향이 컸는데, 각지의 슈퍼마켓이나 편의점에 실제로 포스터가 부착되는 등 현실 공간으로도 확산하면서 운동이 전개되어갔다.

한편, 미국에서는 그 후 더욱 다양한 형태의 운동이 대규모로 전개된다. 특히 2014년에는 서로 다른 유형의 세 가지 운동이 큰 주목을 받았다.

하나는 앞서 언급한 '#BlackLivesMatter'이다. 그 전년
에 탄생한 이 운동은 이해 7월에 뉴욕에서 흑인 남성이 백
인 경관에게 폭행을 당해 사망하는 사건, 8월에 미주리주에
서 백인 경관이 흑인 청년을 사살하는 사건이 연달아 일어
나면서 열기가 더욱 커져간다. 이후 그것은 반인종차별 운
동의 중요한 발판이 된다.

다른 하나는 '#YesAllWomen'(모든 여성이 그렇다)이다.
같은 해 5월 캘리포니아주에서 미소지니misogyny(여성 혐오)
를 심화시킨 이른바 인셀(비자발적 독신주의자를 의미한다-옮
긴이) 남성이 여성을 포함한 여섯 명을 무차별 살해하는 사
건을 일으켰는데, 그것을 계기로 '#NotAllMen'(모든 남성이
그런 것은 아니다)이라는 해시태그가 남성들 사이에서 유행
하며 이 사건을 예외적인 것으로 취급하는 논조가 퍼져나갔
다. 한편 그러한 움직임에 대한 반발로서 여성들 사이에서
지지를 얻은 것이 '#YesAllWomen'이었다. 이 해시태그를
통해 그녀들은 성희롱이나 성폭력 피해를 당한 체험을 서로
공유했다. 그것은 페미니즘 운동의 발판 중 하나가 되었고

그 이후에 일어날 '#MeToo'를 준비하게 된다.

또 하나는 '#IceBucketChallenge'(아이스 버킷 챌린지)
다. 루게릭병ALS 환자를 지원하기 위해 양동이에 담긴 얼음
물을 머리부터 뒤집어쓸지, 아니면 ALS 협회에 기부할지,
혹은 둘 다 할지를 선택하는 '챌린지'를 릴레이 형식으로 전
개해나가는 자선 운동을 가리킨다. 지목된 사람은 그 모습
을 촬영해 소셜 미디어에 공개하고 다음 사람을 지명한다.
빌 게이츠, 스티븐 스필버그, 테일러 스위프트 등 각계의 저
명인사들이 참여해 큰 화제를 불러일으켰다.

이렇게 2010년대 전반 세계 각지의 움직임과 연동하면
서 해시태그 운동의 다양화가 진행되었다. 그것을 통해 시
위와 같은 '항의하는 운동'뿐만 아니라 '#YesAllWomen'과
같은 '이야기하는 운동', '#IceBucketChallenge'와 같은
'서로 돕는 운동', 혹은 '#nokaishime'와 같은 '함께 만들어
가는 운동' 등 다양한 유형의 운동을 실현했다.

원래 이전의 사회 운동에서는 시위와 같은 항의 행동, 혹
은 자원봉사와 같은 지원 활동도 많은 사람이 '모이는' 것이
힘의 원천이 된다고 생각했다. 그래서 그것은 콜렉티브 액

션(집합 행위) 등으로 불리는 경우도 많았다.

다만 사람들의 '모임'을 실현하기 위해서는 그에 앞서 어떠한 '연결'이 있어야만 한다. 분리된 개인으로부터 갑자기 집합체가 만들어지기는 어렵다. 그래서 중시되었던 것이 노동조합이나 지역 단체와 같은 운동 조직 네트워크였다. 그런 강력한 연결을 통해서 '강한 유대'로 맺어진 사람들이 대량으로 동원됨으로써 대규모 시위와 같은 큰 모임이 만들어진다고 여겨졌다.

그러나 해시태그 운동의 출현은 그러한 견해에 변혁을 불러왔다. 소셜 미디어를 통해서 정보를 주고받는 만큼 '약한 유대'로 맺어진 사람들 사이에서도 큰 모임이 순식간에 만들어진다. 게다가 그것은 온라인 공간뿐만 아니라 실제 공간에서도 기존보다 훨씬 큰 규모로 만들어진다.

거기서 보이는 사람들의 연결은 소셜 미디어를 통해서 종횡으로 연결된 것이므로 기존 운동 조직 네트워크처럼 견고하지는 않지만, 한편으로 더욱 광범위하고 다양성이 풍부하다. 따라서 거기서는 그때그때 목적에 따라 다양한 모임이 유연하게 만들어진다. 그 결과, 기존에는 볼 수 없었던 다양한 형태의 운동이 실현된다.

거기에서는 '모임'의 힘 자체보다 그 바탕이 되는 '연결'의 잠재력에 눈을 돌리는 일이 중요해진다. 그러한 견해에서 오늘날의 사회 운동은 '콜렉티브collective'(모여 있다)라기보다는 '커넥티브connective'(연결되어 있다)라는 성격을 강하게 띠기에 '커넥티브 액션connective action'(연결 행위) 등으로 불리는 경우도 많다.

비익명성에 따르는 책임성

그러나 그러한 성격은 긍정적인 방향뿐만 아니라 때론 부정적인 방향으로 작용하기도 한다. 해시태그 운동의 '빛과 어둠'을 기존 운동과 비교하면서 생각해보자.

우선 기존 운동에서는 특히 시위 등의 경우, 참가자는 그 행위가 벌어지는 실제 장소로 가야 했고 그런 점에서 참가의 장벽이 높았다. 그에 반해 해시태그 운동은 어디서나 운동에 참가할 수 있으므로 참가 장벽이 낮다. 이러한 이해는

지극히 일반적인 것이다. 그러나 해시태그 운동이기 때문에 반대로 장벽이 높아진다는 또 다른 일면도 있다.

기존 운동에서 사람들은 익명의 존재로서 운동에 참가하는 것이 일반적이었다. 실제 공간에서 벌어지는 시위에 누가 참가하고 있는지 제삼자는 알 수 없고 나중에 조사할 수도 없다. 참가자는 군중 속에 녹아들어 큰 목소리의 일부가 된다.

반면 해시태그 운동에서 사람들은 이름이 세상에 드러난 존재다. 즉 소셜 미디어 계정을 드러낸 상태로 운동에 참여한다. 인터넷상에서 누가 무엇을 주장하는지, 그리고 그것이 얼마나 지지를 받는지가 제삼자의 눈에도 분명하게 보이고, 그 기록 또한 두고두고 남는다. 물론 모든 참가자가 실명을 사용하는 것은 아니고 아이디를 사용하는 사람도 많다. 그러나 거기에도 일정한 정체성이 담보되는 이상 나름대로 비익명성이 높아지고 있다고 말할 수 있겠다.

일반적으로 인터넷상에서의 커뮤니케이션은 익명성이 높다고 여겨진다. 확실히 그렇지만 사회 운동의 경우에는 오히려 그 반대가 성립한다. 즉 실제 공간에서 벌어지는 시위보다 해시태그 운동 쪽이 훨씬 더 비익명성이 높아지고 있다.

거기서 초래되는 긍정적인 요소로 가장 먼저 발언의 비익명성에 따른 책임성을 들 수 있다. 해시태그 운동에서는 자신의 발언이 모두의 눈에 명백하게 보이기 때문에 사람들이 무책임한 발언을 하기 어렵다. 말하자면 참여의 장벽은 낮아지고 있지만 한편으로 발언의 장벽은 높아지고 있다고 말할 수 있다. 그 결과, 무책임한 발언을 나름대로 억제하게 된다.

발언력의 불균형과 정보 캐스케이드

그러나 한편으로 비익명성이 초래하는 부정적인 요소도 여러 가지 있다. 우선 참가자들 사이에서 일어나는 발언력의 불균형을 들 수 있다. 실제 공간에서 벌어지는 시위의 경우, 참가자는 모두 군중 중 한 명이며 유명인이든 일반인이든 시위의 고리 안에 들어가면 그 목소리의 크기에 차이가 없다. 그에 반해 해시태그 운동의 경우, 엄청난 수의 팔로어를 보유한 일부 인플루언서와 일반인들은 애초에 목소리의 크기가 완전히 다르다.

검찰청법 개정안 항의 운동에 참여한 가수 세라 마사노리는 한 TV 프로그램에서 다음과 같이 말했다. "'나의 1'과 '당신의 1'은 다르지 않으며 세상을 움직일 방법은 그 '1'을 많이 모으는 일뿐이다." 그러나 이러한 견해와는 달리 실제로는 이 움직임에 큰 역할을 한 가수 캬리 파뮤파뮤처럼 500만 명의 팔로어를 가진 유명인과 일반인을 똑같은 '1'로 간주할 수는 없다. 그 발언력과 확산력은 월등하다.

이처럼 해시태그 운동에서는 모든 참가자가 동등한 자격으로 발언하고 있다고는 볼 수 없다. 그 때문에 일부 인플루언서의 목소리에 그대로 끌려가는 형태로 많은 사람이 그 주장에 동조해 무심코 리트윗해버릴 수도 있고, 혹은 일부 세력이 강한 운동이 활발히 트윗을 반복하기 때문에 그들의 목소리만 크게 들릴 수도 있다. 그렇게 되면 '1인 1표'의 민주적인 움직임이 실현되고 있다고 낙관적으로 생각할 수는 없을 것이다.

이러한 점에서 해시태그 운동에서는 '정보 캐스케이드in-formational cascade' 현상이 일어나기 쉽다. 사람들은 타인이 어떻게 판단하는지를 보고 그를 따라 자신도 같은 판단을 내린다. 그렇게 똑같은 판단이 연쇄됨으로써 한 방향으로 사람들이 몰리게 된다는 일종의 군중 현상을 가리킨다.

예를 들면 검찰청법 개정안 항의 운동 당시에 개정안 내용은 복잡하고 알기 어려웠지만, 한편으로 그것을 누가 반대하는지 등 상황에 대한 정보는 해시태그에 의해 단순화되고 드러나기 쉬웠다. 그래서 사람들은 개정안 내용이라는 알기 어려운 정보를 스스로 이해하고 판단을 내리기보다는 누가 그것에 반대하느냐라는 보기 쉬운 정보를 참고하면서 판단을 내리게 된다. 그래서 일부 인플루언서의 판단이 많은 사람에게 영향을 주었다.

오늘날에는 많은 문제가 복잡한 배경을 가지고 있으며, 그 전모를 파악하는 일이 점점 어려워지고 있다. 그러나 한편으로는 소셜 미디어가 보급됨에 따라 누가 어떻게 반응하는지 그 상황을 바라보는 일은 극히 편리해졌다. 이와 같이 문제의 내실을 가늠하기 어려워지는 한편, 타인의 동향을 조망하기 쉬워지고 있다는 불균형이 급속히 진행되면서 사람들은 전자의 정보보다 후자의 정보에 점점 더 의존하게 되었을지도 모른다. 그 결과, 정보 캐스케이드가 일어나기 쉬워지고 있다.

거기에서는 해시태그에 의해 '복잡성의 축소'가 독특한 방식으로 진행되고 있다고 말할 수 있다. 복잡한 문제를 한 문장의 키워드로 압축함과 동시에 누가 그것에 동조하고 있느냐는 속인적인 정보로 변환해버린다. 그러면 문제의 복잡성을 처리하기 위한 부하가 단번에 줄어들기 때문에 사람들은 그러한 방식을 기꺼이 받아들인다. 그래서 정보 캐스케이드의 진행이 빨라지게 된다.

깨어 있는 자로서의 자기 연출과 집단 극화

다음으로 또 하나의 부정적인 요소로서 참가자의 자기 연출과 관련된 점을 들 수 있다. 소셜 미디어 공간은 사람들이 평가를 받기 위해 경쟁하고 자기 연출을 위한 퍼포먼스를 펼치는 장, 그것도 시장적인 성격을 가진 곳이다. 그래서 사람들은 자신의 '시장 가치'를 높이고자 특히 그 '의식의 높이'를 두고 서로 경쟁한다. 따라서 굳이 사회 문제에 관여하여 자신이 진보적 입장에 있음을, 말하자면 얼마나 깨어 있는 사람인지를 드러내려고 한다.

해시태그는 그것을 위한 간편한 방법이 된다. 적극적으로 트윗하면 더욱 그렇겠지만 해시태그가 붙은 누군가의 트윗에 '좋아요'나 '리트윗' 등의 반응을 보이는 것만으로 그 움직임에 관여하고 있음을 나타낼 수 있기 때문이다. 말하자면 해시태그는 의식이 깨어 있음을 보여주는 간단하고 편리한 인덱스가 된다.

그러나 문제의 내부 실정에 관여하는 것과는 별도로 자기 연출을 위한 수단으로 남용될 가능성도 있다. 즉 스스로가 '진보하고 있다'는 것을 나타내기 위한 부속품 혹은 다른 사람의 주목을 끌기 위한 캐치프레이즈로서 사용된다. 그러한 경우 해시태그는 사회 운동을 위한 공공재가 아닌 참가자 각자의 자기 어필을 위한 프로모션 수단이 되어버린다. 게다가 참가자끼리 어필 경쟁이 벌어져 운동 전체가 과격해질 가능성도 있다.

일반적으로 항의 행동으로서 해시태그 운동은 해시태그로 연결된 '아군'이 하나가 되어 '적'에게 대항하는 형태를 취한다. 물론 적에게 항의하는 것이 운동의 목적이지만 소셜 미디어 공간의 성격상 거기에는 또 하나의 목적이 있다고 볼 수 있다. 바로 아군을 향한 어필이다.

사람들은 적에게 항의하는 행동을 보임으로써 아군에게 어필하려고 한다. 그래서 적을 굳이 강하게 비난하고 운동의 열성적인 추진자로 행동하여 아군으로부터 좋은 평가를 더 많이 받고자 한다. 말하자면 적에 대한 반감을 더 강하게 연출하여 아군의 공감을 더 많이 동원하고자 한다.

게다가 그러한 행위가 참가자 상호 간에 반복되면서 가자의 행위가 점차 확대되어가고, 그 과정에서 운동 전체가 과격해지기도 한다. 자신이 '진보하고 있다'는 것을 나타내려고 경쟁하는 사이에 모두가 너무 나아가버리는 것이다. 그 결과, 개인에게 지나친 공격을 가하거나 과격한 주장이 펼쳐지게 된다.

그런 경우에 사람들이 적에게 무언가를 말하고 있는 듯

보이지만 사실은 아군을 향해, 바꿔 말하면 자기 배후의 관객을 의식하면서 말하고 있다고 볼 수 있다. 해시태그는 그런 관객을 확보하기 위한 수단이 된다.

이러한 이유로 온라인에서는 '집단 극화' 현상이 쉽게 일어난다. 집단 극화는 집단의 의사 결정이 개인의 의사 결정보다 의견이 극단으로 치닫고 행동이 과격해지기 쉬운 현상을 가리킨다. 그 이유로서 다양한 메커니즘을 들 수 있는데, 특히 해시태그 운동은 깨어 있는 자로서의 자기 연출이라는 점이 한 가지 요인으로 작용하지 않을까.

사회 운동인가 군중 행동인가

정보 캐스케이드나 집단 극화 등의 현상은 일반적으로 군중 행동, 즉 사람들의 모임에 수반되는 정서적 행동 속에서 나타난다고 생각되어왔다. 또한 그런 행동 양식이 나타나는 이유는 개인이 집단 속에 매몰되어 개개인의 이성이나 인격이 용해되기 때문이라고 여겨졌다.

그런데 해시태그 운동의 경우에는 오히려 반대로 비익명성이 강하기 때문에 그런 현상이 일어난다. 게다가 인터넷상의 커뮤니케이션 전반에서 나타나는 높은 익명성이라는 상반된 조건도 더해진다. 한번 그러한 현상이 일어나면 거기에 많은 구경꾼이 몰려들어 익명성을 바탕으로 무책임한 발언을 늘어놓기 때문에 상황이 더욱 가속화하고 군중 현상이 크게 번지게 된다.

거기서 보이는 것은 비익명성과 익명성이라는 상반된 조건이 상승하는 곳에서 만들어지는 새로운 유형의 군중 행동이다. 이렇게 해시태그 운동은 새로운 유형의 사회 운동을 낳음과 동시에 새로운 유형의 군중 행동을 낳기도 한다.

사회 운동이 일찍이 '콜렉티브 액션collective action'(집합 행위)으로 불리게 된 것은 군중 행동을 의미하는 '콜렉티브 비해비어collective behavior'(집합 행동)와의 구별을 위해서였다. 정서적이고 충동적인 성격의 후자와 이성적이고 조직적인 전자를 분리하여 파악하는 것이 사회 운동의 적극적인 재정의를 위해서 필요하다고 여겨졌기 때문이다.

그러나 현재 사회 운동이 '커넥티브 액션'으로 불리게 된 가운데 '콜렉티브 비해비어'와의 접점이 새롭게 생겨난 것은 아닐까. 그 때문에 사회 운동과 군중 행동을 분리해 파악하는 일이 다시 어려워지고 있다. 거기에 생겨나는 것은 군중 행동적인 사회 운동인 동시에 사회 운동적인 군중 행동이기도 하며 '빛과 어둠' 양면을 가진 양의적인 움직임이라고 말할 수 있겠다.

그래서 그런지 검찰청법 개정안 항의 운동 때도 많은 연예인이 이 움직임에 가담한 가운데 한편으로는 비판적으로 거리를 두던 사람도 있었다. 예를 들면 탤런트 사시하라 리노는 한 TV 프로그램에서 다음과 같이 말했다. "단 한 사람이 말하는 것을 믿고 글을 올리는 사람도 있지 않을까." "정말 그것을 믿어도 될까. 양쪽의 이야기를 듣지 않고 의견에 대해 공부하지 않으며 편파적인 부분만 보고 '아, 그렇구나. 큰일이네. 얼른 퍼뜨려야 해'라고 생각하는 사람이 많은 느낌이 듭니다." 사시하라의 이러한 지적은 특히 정보 캐스케이드에 대한 우려를 나타낸 것이며 해시태그 운동의 군중 행동적인 측면을 비판했다고 말할 수 있다. 게다가 사시하라는 공부의 중요성을 계속해서 강조했다. 오늘날 사회 상황이 복잡해지고 그 전모를 가늠하기 어려워진 가운데, 그렇기 때문에 단순함에 휩쓸리지 말고 문제의 복잡함을 이해하기 위해 먼저 충분히 공부해야 한다는 의견이며 정확한 지적이었다고 할 수 있다.

그렇다면 해시태그 운동을 그 단순함 때문에 혹은 군중 행동적인 측면 때문에 무익하게 여기고 전부 부정해도 되는 것일까. 꼭 그렇다고는 할 수 없다. 그 '어둠'의 측면에도 나름의 의의가 있을지도 모른다.

오늘날 상황은 너무나도 복잡하기에 공부도 물론 중요하지만 모든 것을 다 공부할 수는 없다. 게다가 앞날을 내다보기 어려워서 공부하는 사이에 돌이킬 수 없는 사태가 되어버릴 수도 있다. 또한 본격적으로 공부한 사람이 아니면 발언할 수 없다고 한다면, 일부 엘리트나 기성 권력에만 발언권이 집중되어 현실을 유지하려는 방향으로 논의가 진행되고 그것을 변혁하려는 논의가 받아들여지기 어려울 수도 있다. 예를 들어 기후 변화 문제 등 오늘날 가장 중요한 사회 문제를 둘러싼 논의에서는 이러한 우려가 종종 표명되어 왔다.

그렇다면 그것을 돌파하기 위해서는 비록 공부가 부족하더라도 자신의 느낌과 감정에 충실해 생각을 드러내는 일도 때로는 필요하지 않을까. 말하자면 오늘날의 상황은 그 복잡성에 의한 경직성 때문에 이성적인 사회 운동을 통해 바로 개선될 수 있는 것은 아니다. 그 변혁을 위해서는 가장 먼저 정서적인 군중 행동에 의한 질문이나 흔들기가 필요할지도 모른다. 해시태그 운동은 그 군중 행동적인 사회 운동, 또는 사회 운동적인 군중 행동이라는 형태를 통해 그런 요구에 부응했다.

예를 들면 검찰청법 개정안 반대 운동 당시에는 문제의 배경이 복잡했기 때문에 자신의 느낌에 근거해 '나쁜 것은 나쁘다'라고 하는 감정론이 전개되었고 그것이 큰 목소리를 이루었다. 그렇기 때문에 더욱이 뮤지션을 중심으로 많은 연예인이 거기에 동참했을 것이다. 그들은 자신의 느낌에 입각해 생각을 드러내는 전문가이기 때문이다.

이러한 점에서 볼 때 우리는 이 새로운 움직임을 민주주의에 의한 사회 운동이라며 일면적으로 찬양하거나 혹은 포퓰리즘에 의한 군중 행동으로 여기고 경탄해선 안 된다. 사

회 운동이기도 하고 군중 행동이기도 한 양의적인 움직임
으로서 그 '빛과 어둠'을 모두 살피면서 여러 각도로 살펴볼
필요가 있다.

4장

차별과 반차별과

반·반차별

나이키 광고를 둘러싼 플레이밍

2020년 11월, 스포츠 용품 제조업체 나이키가 공개한 광고가 큰 화제를 모았다. '계속 움직인다. 나를. 미래를'이라는 제목이 붙은 광고였는데 차별을 받은 재일 교포나 아프리카계 혼혈 등 세 명의 소녀가 축구를 통해 극복해나가는 모습을 그렸다.

그 후 2021년 5월에는 새로운 광고 영상이 공개되었다. 그것 또한 큰 화제를 불러일으켰는데 'New Girl | Play New | Nike'라는 제목이었다. 딸이 태어날 거라는 소식을

들은 부부의 모습을 통해 여성이 받아온 차별과 그것을 극복해나가는 새로운 시대의 여성상을 그린 것이었다.

이 광고들은 일본 사회 안에 깊이 뿌리내리고 있는 인종 차별, 민족 차별, 여성 차별 등을 강력하게 고발한 것이었다. 그래서 좌파로부터 환영을 받았고 지지나 공감을 표하는 글이 트위터 등에서 잇따랐다. 그러나 일부 보수파에서는 광고를 내리라는 비판적인 의견이 나왔다. "나이키는 일본인을 차별주의자로 만들고 있다", "이미지 조작이다", "프로파간다다", "이렇게 심한 차별은 일본에 존재하지 않는다" 등의 내용이었다.

그러자 이번에는 그러한 논의 자체에 반발해 좌파들이 반론을 펼쳤다. "차별은 존재하지 않는다는 말투 자체가 차별적이다", "차별은 분명히 존재하는데 그들은 그것을 덮으려고 한다"와 같은 의견이었다.

이렇게 해서 이 건은 거대한 플레이밍으로 번졌고 좌우 양쪽에서 격렬한 논쟁이 벌어졌다. 그 모습은 해외 언론 등에서도 다루어지며 큰 파문을 일으켰다. 그렇다면 그 배경에는 무엇이 있었을까. 이번 장에서는 이 문제에 대해 살펴보고자 한다.

반차별 마케팅의 수법과 의도

나이키는 인권 문제에 특히 민감한 기업이었다. 그 원점에는 1997년의 쓰라린 경험이 있다. 동남아시아 공장에서 취업 연령에 미달한 소녀들을 열악한 환경에서 일하게 한 것이 발각되어 세계적인 불매 운동이 일어났고 나이키는 막대한 손해를 입는다. 그에 대한 반성으로 그 후 나이키는 선진적인 '인권 존중 기업'을 지향하게 되었다. 특히 최근에는 젠더나 인종 문제에 초점을 맞추어 반차별 메시지를 강하게 내건 캠페인을 적극적으로 전개하고 있다.

2018년 9월에는 미식축구 선수 콜린 캐퍼닉을 기용한 캠페인을 미국에서 전개하여 큰 화제를 모았다. 캐퍼닉은 2016년 8월 흑인 남성이 백인 경관에게 살해당한 사건에 대한 항의로 국가 제창 때 기립을 거부한 선수였다. 그 후 많은 흑인 선수들이 캐퍼닉을 모방하게 되었다. 그러나 한편으로 2017년 9월에는 당시 도널드 트럼프 대통령이 그들을 당장 해고해야 한다며 비난하는 등 격렬한 논쟁이 일었는데 그 와중에 전개된 것이 이 캠페인이었다. 나이키는 2019년 4월 테니스 선수 오사카 나오미 등을 기용해 이 캠페인을 일본에서도 전개했다.

그 후 2020년 5월 흑인 남성이 백인 경관에게 살해당하는 사건이 다시 한번 일어난 것을 계기로 블랙 라이브스 매터Black Lives Matter. BLM 운동이 미국에서 엄청난 호응을 얻는다. 이에 나이키는 운동을 지원한다는 메시지를 강하게 내걸었다. 게다가 6월에는 흑인 커뮤니티를 위한 고액의 지원금 기부를 발표하는 등 더욱 실체적인 약속을 해나간다. 7월에 공개된 광고에는 캐퍼닉도 등장했다. 그 후, 이러한 흐름에 따라 반차별 메시지를 강하게 내건 캠페인으로서 일본에서 적극적으로 행한 것이 앞에서 말한 두 편의 광고였다. 그 일부에는 오사카도 등장했다.

2018년 캐퍼닉 캠페인 때는 미국에서도 우파의 비판이 잇따랐다. 특히 트럼프 지지자들 사이에서는 나이키 운동화를 불태우는 동영상을 소셜 미디어에 올리는 등 심한 반발이 나타났고 불매 운동을 호소했다. 그러나 한편으로 좌파는 그런 움직임 자체에 대한 반론을 더욱 강하게 펼쳤고, 반대로 나이키에 대한 지지를 호소했다. 그 결과, 핵심 지지층을 중심으로 나이키는 오히려 소비자로부터 신뢰도를 높이고 브랜드 파워를 강화하는 데 성공했다. 그래서인지 2020년 BLM 운동 캠페인 때는 우파로부터 눈에 띄는 비판은 없었다.

이러한 일들을 겪으며 나이키는 그 후 일본에서 캠페인을 진행할 때도 우파로부터 비판의 목소리가 나올 것을, 더욱이 그것에 반발해 좌파가 자신들을 옹호할 것을 어느 정도 예상하지 않았을까. 아니면 오히려 그런 반응을 이끌어내기 위해 이 캠페인을 벌인 것은 아닐까.

미국에서 BLM 운동 캠페인을 벌일 당시 나이키는 다음과 같은 메시지를 보냈다. "미국에는 문제가 존재하지 않는 척하지 마십시오." "이제 변명하지 마십시오." 그 후 일본에서는 일부 우파가 여러 가지 변명을 하면서 "일본에 차별은 존재하지 않는다"라고 주장했지만 사실 그러한 태도야말로 나이키가 문제 삼고 싶었던 것이었다고 할 수 있다.

즉 '차별은 존재하지 않는다'라는 주장은 모든 사회에 존재하는 보이지 않는 차별을 숨기고 유지하려는 것이며 오히려 소박한 차별주의의 발현이라고 볼 수 있다. 나이키의 광고는 일본 사회에 깊이 뿌리박힌 그러한 태도를 잘 끄집어냈다. 일부 우파는 그렇게 주장함으로써 나이키의 메시지를 역설적으로 뒷받침하게 되었고, 실제로는 일본에 차별이 존재함을, 그래서 나이키의 문제 제기에 의의가 있음을 그 의도대로 증언하게 되었던 것이다.

또한 미국에서 캠페인을 벌일 때 나이키는 다음과 같은 메시지도 발표했다. "자신과 관계없는 일이라고 생각하지 마십시오." "잠자코 앉아 있기만 하지 마십시오." 그 후 일본에서는 좌파 또한 우파와 마찬가지로 나이키의 이러한 메시지에 반응하는 듯한 움직임을 보인다. 사태를 관망하는 것만으로는 해결되지 않기에 우파에 대한 반론을 펼치면서 나이키의 의도를 적극적으로 해설함과 동시에 그 입장과 제품을 지지하게 되었다. 물론 일본의 소비자들이 미국 광고를 접한 것은 아니다. 그러나 결과적으로 좌파와 우파 모두 나이키의 의도대로 움직이게 된 것은 아닐까.

오늘날의 광고 프로모션, 특히 소셜 미디어를 통한 것은 '커뮤니케이션 디자인' 등으로 일컬어지기도 하듯이 기업과 소비자 간, 더욱이 소비자 간 상호 행위의 동기를 부여하고 방향을 정하는 일을 하나의 목적으로 한다. 나이키는 그 선두 주자이며 더 말하자면 반차별 메시지를 일종의 촉매로서 거기에 집어넣는, 이른바 '반차별 마케팅' 수법의 선구자이기도 하다. 그러한 기업 입장에서 이 건을 둘러싼 플레이밍은 예상했다기보다는 오히려 의도한 바가 아니었을까.

우파의 공격과 좌파의 비판

그러나 일부 우파 입장에서는 자신들의 반발마저 기업 활동의 원천으로서 교묘히 끌어들이는 듯한 나이키의 이런 수법이 얍삽하게 느껴져 아무래도 마음에 들지 않았을 것이다. 그래서 그들은 전혀 다른 방향으로 반격하게 된다. 나이키가 중국 정부와 공모해 위구르인 강제 노동에 가담하고 있다는 음모론적인 가짜 뉴스를 유포해 '인권 존중 기업이어

야 할 나이키를 거꾸로 인권 침해 기업으로 만들어버린다'
는 것이었다.

그 배경이 된 것은 이 건을 둘러싼 복잡한 보도였다.
2019년 5월 중국 내에서 위구르인을 강제 노동시켜 생산하
는 재료를 많은 글로벌 기업이 사용하고 있다는 보도가 나
왔고, 2020년 3월에는 83개 기업이 여기에 관여하고 있다
는 것이 밝혀졌다. 게다가 11월에 나이키의 '계속 움직인다'
캠페인이 공개된 직후에는 위구르인의 강제 노동을 방지하
기 위한 미국 법안에 몇몇 기업이 반대하고 있다는 뉴스가
보도되었다. 모든 보도에서 관련 기업 중 하나로 거론된 곳
이 나이키였다.

그러니 실제로 이러한 움직임에 나이키가 특별히 관여
한 것은 아니다. 일련의 보도에서 거론된 것은 유럽이나 일
본의 저명한 글로벌 기업이었고 나이키는 그중 하나에 지나
지 않았다. 그뿐만 아니라 나이키는 재빨리 이 건에 대응해
조사에 나섰고 동시에 인권 침해를 우려하는 취지의 성명
을 발표했다. 그 자세는 유니클로 등 일본 기업보다 훨씬 적
극적이었다. 그 결과, 나이키는 중국 정부의 노여움을 사고

2021년 3월에는 중국 내에서 불매 운동이 일어나는 등 오히려 중국과 대립하는 관계가 되었다.

그러나 일부 우파는 자신들에게 유리한 보도만을 거론하며 나이키를 '친중 반일'의 '인권 침해 기업'으로 만들어간다. '일본인을 차별주의자로 만들고 그 인권 억압을 비판하면서 그 뒤에서는 몰래 중국 정부와 공모해 더욱 대규모 인권 침해를 자행하는 나이키야말로 사실은 차별주의자다'라는 식의 주장이었다. 그것은 나이키에 대한 '보복'을 의미하는 것이었으리라.

또한 이러한 언설은 우파, 특히 우파의 '전통'과 결부된 것이었다. 특히 2000년대 들어 중국의 초강대국화가 진행되면서 일본과의 갈등이 커져가는 가운데 그들은 지금까지의 '혐한'에 '반중'을 더해 '혐한반중'이라는 어젠다를 내걸었다. 그래서 중국을 공격하기 위해 자주 사용한 언설이 '중국은 티베트 민족을 탄압하고 대규모 인권 침해를 자행하고 있다'는 내용이었다.

그들은 원래 인권을 중시하는 좌파와는 대립하는 입장이었지만, 이때만은 인권파로 바뀌어 인권 옹호의 관점에서 중국을 비판하는 모습을 자주 볼 수 있었다. 특히 2008년 4월에는 '프리 티베트'라는 구호 아래 니찬네루에서 시작된 대규모 반중 시위가 벌어져 큰 화제를 모았는데 위구르를 둘러싼 언설도 당시 티베트를 둘러싼 언설의 변형이었다고 할 수 있다.

그리하여 일부 우파의 나이키 공격은 음모론적인 가짜 뉴스를 통해 그들이 가진 본래의 문제의식 중 하나인 반중이라는 어젠다와 결부되었다. 그 결과, 더욱 치열한 공격이 펼쳐졌다.

게다가 그 과정에서 그들에게 더욱 근본적인 문제의식 중 하나인 혐한이라는 어젠다도 소환된다. '계속 움직인다' 캠페인에서 조선학교 학생들이 거론되자 이번에는 중국뿐만 아니라 '나이키는 북한과도 결탁하고 있다'는 더욱 황당한 가짜 뉴스가 유포된다. 그 결과, 나이키와는 아무런 관련이 없는 일반 재일 교포들까지 공격하면서 격렬하게 혐오 발언을 하는 상황이 벌어진다.

이러한 일이 반복되는 동안에 우파의 비판은 좌파의 옹호를 훨씬 넘어서게 된다. 그 때문에 'New Girl' 광고가 공개되었을 때 특히 유튜브 댓글난은 일부 과격한 우파가 점령한 상태였다. 그곳은 온갖 욕설이 난무하는 쓰레기장이 되어 가짜 뉴스와 혐오 발언으로 완전히 뒤덮였다.

이처럼 나이키 광고는 그 의도대로 일본 사회에 깊이 뿌리박힌 소박한 차별주의를 드러내는 데 성공했다고 말할 수 있겠지만, 다른 한편으로는 그 의도를 넘어 얍삽한 수법에 대한 반발을 과도하게 초래함으로써 더욱 과격하고 비뚤어진 차별주의를 불러냈다. 그러한 '부정적인 성과'를 단지 야심 찬 마케팅 전략에 따르는 리스크의 발현으로 정리해도 되는 것일까.

한편 이러한 우파의 공격이라는 그늘에 가려져 그다지 눈에 띄지는 않았지만 좌파 일부에서도 나이키에 대한 비판의 목소리가 나오고 있었다. 그것 또한 우파의 경우와 마찬가지로 좌파 운동의 '전통'과 관련된 것이었다.

2009년 6월, 도쿄 시부야구 미야시타 공원의 이름사용권을 나이키가 취득해 개보수를 실시한다고 발표했는데, 공원에서 노숙하는 노숙자를 배제한 계획이라고 알려지자 공원의 공공성을 해친다며 시민들 사이에서 격렬한 반대 운동이 일어났다. 그러나 2010년 9월 시부야구는 공원을 봉쇄하고 노숙자를 강제로 배제하기에 이르렀고 그 때문에 대규모 시위가 벌어졌다. 나이키는 이후 공원 명칭을 변경하는 일은 단념했지만 순조롭게 공사를 진행해갔다.

이와 같이 과거 나이키는 노숙자의 인권을 가볍게 여기고 그들을 배려하지 않았는데, 이번에는 소수 민족이나 여성의 인권을 중시하는 자세를 보이고 있다. "'장사가 될 만한 인권은 소중히 여기지만 그렇지 않은 인권은 아무래도 좋다'는 자세는 차별이나 인권과 관련된 사회 정의를 자의적으로 자신들의 장사에 이용하는 것이 아니냐"라는 일부 좌파의 지적도 있었다. 이 건을 둘러싼 문제의 핵심을 찌른 지적이었다고 할 수 있다.

차별의 상

이와 같이 이 사건의 배경에는 복잡한 상황이 있었다. 특히 차별 문제를 둘러싼 움직임으로 정리해보면 거기에는 세 가지 상이 존재한다.

첫째, 소박한 차별주의로 표출되어 일본 사회에 깊이 뿌리내리고 있는 '차별'의 상. 둘째, 그에 대항하여 나이키가 제시하고 좌파가 지지한 '반차별'의 상. 셋째, 나아가 그에 반발하여 일부 우파가 제시하고 더욱 과격하고 비뚤어진 차별주의로 표명된 '반·반차별'의 상이다.

그렇다면 이들 세 가지 상은 어떤 관계를 맺고 있을지 이후에 더욱 깊이 생각해보자. 그러기 위해서는 차별을 둘러싼 움직임을 더욱 구조적으로 살펴볼 필요가 있다.

애초에 차별이 존재하는 이유는 다수자와 소수자 사이에 '권력의 경사'가 존재하기 때문이다. 즉 다수자에게 부여된 권력과 소수자에게 인정된 권력 사이에는 불균형이 있다는 사고방식이다. 게다가 역사적으로 볼 때 그것은 사회 구조 안에 깊이 박혀 있기 때문에 바로잡기가 어렵고 그 존재를 깨닫기조차 쉽지 않다.

그 결과, 다수자에게는 사회적 강자, 소수자에게는 사회적 약자라는 위치 설정이 지극히 당연하게 부여된다. 그 때문에 사람들이 특별히 차별적인 의식을 가지고 있지 않더라도 그러한 구조에 따라 행동하는 것만으로 소수자가 불리한 취급을 받게 되는 경우가 종종 있다.

즉, 많은 제도나 관습이 남녀 간, 인종 간, 민족 간 등의 불평등을 전제로 형성되어왔다고 하는 과정이 있기 때문에 그 안에서 자각 없이 산다면 차별은 무비판적으로 재생산된다. 그런 상황을 개선하기 위해서는 사회 구조 자체를 끊임없이 되묻고 거기에 박힌 다양한 사상을 차별의 재생산 장치로서 적발해나갈 필요가 있다.

그런데 거기서 '일본에 차별은 존재하지 않는다'라고 주장하면 그러한 대처를 방해하는 일이 된다. 즉 기존의 사회 구조를 다시 묻기를 거부하고 그 안에 뿌리박힌 권력의 경사를 눈에 보이지 않는 채로 두는 것을 의미한다. 무자각은 곧 무비판이며 그로 인해 차별은 그대로 유지된다. 혹은 재생산을 통해서 증폭된다.

그러한 태도는 그 소박함 때문에 널리 받아들여지기 쉽지만, 오히려 그 소박함 때문에 사실은 차별적이라고 말할 수 있다. 여기서 보이는 것이 첫 번째 상인 '차별의 상'이다. 특히 일본 사회에는 이러한 소박한 차별주의가 지금도 깊이 뿌리내리고 있다.

반차별의 상

●●

그러한 상황을 개선하기 위해 소수자는 다수자에게 이의를 제기한다. 다만 거기서 실제로 목소리를 높이는 이들이 반드시 당사자인 소수자는 아니다. 오히려 일반 좌파들이 더욱 크게 목소리를 낸다. 예를 들어 여성 차별에 반대하는 남성이나 외국인 차별에 반대하는 일본인 등도 많지만 그들이 반드시 차별받는 당사자는 아니다.

물론 페미니스트 여성처럼 당사자로서 소수자인 동시에 좌파인 사람도 많지만 그 주위에는 당사자가 아니더라도 목소리를 내는 사람들이 많다. 그런 목소리가 당사자의 목소리를 더욱 큰 소리로 만들어 퍼뜨려가고 이의 제기 여론을 형성한다.

좌파들이 그렇게 소수자를 대변하려는 데는 몇 가지 이유가 있다. 그중 하나는 소수자가 목소리를 내기 어려운 입장에 있기 때문이다. 권력의 경사 하위에 놓인 이상 그 목소리를 위로 전달하기는 쉽지 않고, 애초에 그러한 지위에 놓였다는 것 자체를 인식하지 못하고 당연하게 받아들이는 사람도 많다. 그런 경우에는 목소리를 낸다는 발상 자체를 할 수 없다.

이처럼 스스로 목소리를 내지 못하는 사람들을 '하위 계층'이라고 부르는데, 만약 그렇다면 누군가가 그들을 대신하여 목소리를 높여 상황을 고발할 필요가 있다. 그러한 역할을 담당해온 것이 특히 저널리스트, 언론인, 학자 등 지식인이자 그들의 활동 무대인 대중 매체였다. 그런 존재가 좌파의 핵심을 이루고 있다.

그들이 소수자를 대변하려는 또 다른 이유는 차별이 사회 구조의 문제인 이상 그 사회에 사는 자라면 누구든 그 일을 남의 일로 치부하고 끝낼 수 없기 때문이다. 즉 당사자든 아니든 모든 시민은 그 일을 다시 물을 자격과 동시에 의무를 지닌다.

이러한 점에서 좌파는 특히 젠더나 인종 문제에 초점을 맞추려고 한다. 이외에도 다양한 종류의 사회적 약자가 존재하지만 사회 구조의 문제로서 전 세계적으로 의미를 지니는 것이 특히 젠더나 인종에 관한 소수자들 문제이기 때문이다.

좌파는 사회적 약자인 소수자와 연대해 사회적 강자인 다수자에게 이의를 제기하게 된다. 여기서 두 번째 상인 '반차별의 상'을 볼 수 있다. 이번 사례에서는 좌파의 전위로서 그 선도자가 된 것이 나이키였다.

반·반차별의 상

다만 좌파가 반드시 사회적 약자는 아니다. 그 핵심을 이루는 지식인이나 대중 매체는 큰 발언력을 가진 존재다. 그런 발언력, 그리고 그것을 지탱하는 고도의 지식이나 특별한 지위가 있기에 그들은 소수자를 대변하고 그 목소리를 넓혀 갈 수 있다. 말하자면 그들의 발언력은 소수자가 다수자에게 대항하기 위한 하나의 무기가 된다.

그렇다면 그들은 다수자와 입장은 다르지만 역시 모종

의 사회적 강자로 자리매김하게 된다. 특히 그 고도의 지식이나 특별한 지위 때문이다. 따라서 그들에게는 모종의 권력 혹은 특권이 엉겨 붙게 된다. 일부 우파는 그런 점을 문제 삼았다. 우파 측에서는 좌파가 젠더나 인종과 관련된 소수자만을 사회적 약자로 간주하고 보호하려 하지만 실제로는 다수자 안에 '진정한 약자'가 있고 자신들이 그러한 존재라고 주장한다. 그러면서 "좌파는 발언력, 거기에 지식이나 지위를 등에 업고 멋대로 정의감을 휘두르며 자기들이 지키고 싶은 것만을 지키려고 한다. 그 결과, 정말로 지켜져야 할 존재, 즉, 자신들이 보호받지 못하게 되었다"라고 말한다. 미국에서는 그러한 사람들이 트럼프 행정부하에서 소위 러스트 벨트(중서부의 '쇠퇴한 공업지대') 노동자로서 집단화하고 우파 운동을 지탱하는 일대 세력이 되었다. 그들 대부분은 백인이자 남성, 즉 다수자로서 자리매김하는 사람들이지만, 사회 정세의 변화 속에서 이제는 쇠락 위기에 처해 주류의 위치에서 내려가는 것이 아니냐는 위기감에 강하게 사로잡혀 있었다.

아마도 그들 눈에는 좌파들이 횡포한 권력자로 비치지

132

않았을까. 그 발언력을 방패로 삼아 이기적인 정의감을 휘두르며 자신들을 일부러 방해하려고 한다는 이미지다. 그리고 고도의 지식이나 특별한 지위가 그들을 뒷받침한다고 여겼다. 그렇다고 한다면 좌파들은 말하자면 지적 특권 계급이며 높은 곳에서 그들을 내려다보는 도도한 기성 권력이라는 이야기가 된다.

그들은 좌파가 사회적 강자, 우파가 사회적 약자로서 자리매김하고 양측 사이에는 역시 모종의 권력의 경사가 존재한다고 생각했다. 좌파의 권력, 특히 그 발언력, 지식, 지위 등과 그들 사이에는 권력의 불균형이 존재한다는 것이다. 게다가 우파가 좌파의 왕성한 발언력 앞에서 그 호소를 물리치고 침묵하는 존재, 즉 하위 계층이 되어버린다고 생각했다.

이와 같이 우파 운동장에서는 아이러니하게도 좌파 운동의 구성 원리가 그대로 뒤집혀버렸다. 따라서 거기에서는 좌파가 소수자와 연대하면서 다수자에게 이의를 제기하는 것과 마찬가지로 우파가 좌파에게 이의를 제기하게 된다. 여기서 보이는 것이 세 번째 상인 '반·반차별의 상'이다.

거기서 문제 삼는 좌파의 권력은 그저 주어진 것만은 아니다. 반차별의 상을 통해서 구축되고 강화되어가기도 한다. 즉 반차별 운동을 통해서 좌파가 그 주장을 강하게 호소할수록 사회적인 합의나 지지가 더해져 좌파에 대한 신임이 증가한다. 그 결과, 발언력과 권력이 더욱 강해진다.

일부 우파들은 그런 메커니즘에 나이키가 눈독을 들이고 자신의 브랜드 파워를 강화하기 위해 반차별 운동을 이용하는 것은 아닌지, 그 때문에 일본 사회 속 차별주의를 굳이 강조하는 것은 아니냐며 추궁했다. 그런 수법이 아무래도 마음에 들지 않았기 때문에 나이키를 이롭게 하는 반차별 운동에 그들은 강하게 반발했고 반·반차별 운동을 벌였을 것이다.

이러한 점들로 미루어 볼 때 이번 건은 차별의 상, 반차별의 상, 반·반차별의 상이라는 세 가지 상을 둘러싼 구조 속에서 생겨났다고 볼 수 있다. 또한 거기에는 두 가지 다른 권력의 경사가 상정되어 있다는 점에 주의해야 한다. 반차별의 상에서는 좌파가 다수자와 소수자 간 권력의 경사를 문제 삼은 반면에 반·반차별의 상에서는 우파가 좌파와 우파 간 권력의 경사를 문제 삼는다. 이와 같이 각각의 문제 의식 속에서 그 기초가 되는 권력 구조에 대한 인식이 다르기 때문에 좌우 양쪽의 논의가 서로 맞물리지 않는다. 따라서 서로 물어뜯는 전쟁이 계속 벌어지게 된다.

전술로 사용되는 혐오 발언

그러한 싸움 중에서도 반·반차별의 싸움이 가장 치열하게 펼쳐진다. 거기에서는 우파가 좌파를 강하게 적대시하고 격렬한 공격을 퍼붓는다. 그때 그들은 몇 가지 전술을 사용하는데 좌파와 우파의 입지 차이에 근거해 생각해낸 독자적인 방법이다.

일반적으로 좌파는 사회 안에서 학교 선생님과 같은 위치라고 할 수 있다. 즉 새로운 사회 규범을 창도하고 사람들을 계몽하는 진보적인 선생님이라는 이미지다. 그러나 우파들 눈에 좌파들은 '편향'적인 선생님으로 비친다. 특정 소수자 편만 들고 자기들에겐 소홀한 불공평한 선생님이라는 이미지다.

그래서 불만을 가진 학생들은 선생님에게 반발하지만 지식이나 지위 면에서 차이가 크기 때문에 제대로 싸워도 승산이 없다. 지식인이나 대중 매체 등 발언력이 큰 존재들이 좌파의 핵심을 이루기 때문이다. 그래서 그들은 몇 가지 전술을 사용하게 된다.

그중 하나는 선생님이 편애하는 학생을 괴롭히는 방법이다. 선생님이 지키려는 학생을 괴롭히고 엄청난 일을 당하게 만들면 선생님의 체면을 무너뜨리고 곤란하게 만들 수 있다. 그것은 강자를 곤란하게 하기 위한 효과적인 방법 중 하나일 것이다. 그렇기 때문에 굳이 약자가 그 대상이 된다.

따라서 일부 우파의 공격은 소수 민족을 약자로 인정하는 사회적 강자인 좌파보다는 오히려 약자인 소수 민족에게로 향한다. 그 결과, 소수 민족이나 여성 등 사회적 약자에 대한 차별을 강조하고 혐오 발언을 쏟아낸다.

일본에서는 최근, 특히 재일 교포를 대상으로 하는 증오 연설이 반복되어왔는데, 그중 제일 선봉에 있었던 '재일 특권을 허용하지 않는 시민들의 모임(재특회)' 간부는 일찍이

"우리의 운동은 계급 투쟁이다"라고 선언했다. 그리고 "풍족한 사람들에 의해 재일 교포 등 외국인이 보호받고 있다. 차별당하는 쪽은 우리다"라고 말했다.

여기에는 오늘날 혐오 발언의 논리가 압축되어 있다. '풍족한 사람들'인 좌파로부터 '차별받는' 일부 우파들이 좌파와의 '계급 투쟁'을 위해 그들의 '보호를 받는' 재일 교포들을 배격한다는 것이다. 거기서는 좌파에 대한 그들의 적의가 '계급 투쟁'과는 아무런 관련이 없는 재일 교포를 향한다. 그것은 '불공정'이라는 착각에 따른 '괴롭힘'의 논리라고 할 수 있다.

이번 건에서도 나이키와는 아무런 관련이 없는 일반 재일 교포들에게 공격이 가해졌고 격렬한 혐오 발언이 이어졌다. 특히 조선학교 학생 등 그동안에도 엄청난 괴롭힘을 당해온 사회적 약자들이 또 대상이 되었다.

재일 교포가 진심으로 미워서 그렇게 비열한 행동을 하진 않았을 것이다. 나이키의 수법이 아무래도 마음에 들지 않았기 때문에 나이키가 지키려는 존재에 해를 가함으로써 그 의도를 꺾으려 했을지도 모른다. 그것은 나이키에 대한

비아냥거림이자 좌파를 몰아세우기 위한 그들 나름의 전술
중 하나였다.

전술로 사용되는 가짜 뉴스

그들이 사용하는 또 다른 전술은 가짜 정보 만들어내기다.
즉 가짜 뉴스나 음모론 등인데 거기에도 그들 나름의 전략이
있다. 그것은 지식 면에서 감당해낼 수 없는 상대인 선생님
에 대해 학생들이 어떻게 맞설 것인가와 관련이 있다.

지적 특권 계급과 겨루려고 할 때 상대의 씨름판, 즉 지
적인 논쟁이라는 장소에서 싸우면 승산이 없다. 따라서 그
들은 그러한 장소 자체를 무효화하고 상대방이 힘을 내지
못하게 하려 한다. 그러기 위해서는 씨름판의 룰, 즉 실증이
라는 형식을 근거로 상대방과 논쟁한다는 룰 자체를 없애버
리면 된다. 거기서 가짜 뉴스나 음모론 등 룰을 무시하는 언
론이 등장하게 된다.

반면 좌파들은 사실 확인 등을 통해 그것이 가짜 정보임

을 지적한다. 실증에 근거하지 않았음을 실증하는 것인데, 그러나 아무리 지적받아도 우파들은 거기에 응하지 않는다. 룰 위반이라고 비난받아도 애초에 규칙을 없애려고 하는 행동이기에 아프지도 가렵지도 않다. 그뿐만 아니라 그들은 어디까지나 실증이라는 건실한 절차를 통해 도전에 응하여 싸울 수밖에 없는 좌파를 비웃기라도 하듯 이상한 가짜 정보를 차례차례 만들어냄으로써 혼란을 야기하고 좌파들을 피폐하게 만든다.

이번 건에서도 '나이키가 중국과 공모하고 있다', '북한과 결탁하고 있다', '위구르인의 강제 노동에 가담하고 있다'와 같은 음모론적인 가짜 뉴스가 차례차례 만들어졌다. 그것들은 그들에게 공격의 빌미를 제공함과 동시에 기세와 활기를 가져다주었다.

그렇다고는 해도 그런 황당한 이야기를 그들도 진심으로 믿지는 않았을 것이다. 그들에게 그것이 사실인지 아닌지는 애초에 크게 문제가 되지 않았고, 나이키에 대한 공격 재료가 되는지 그 이용 가치만이 중요하지 않았을까. 그렇다면 이러한 수법 또한 좌파를 몰아세우기 위한 그들 나름의 전술 중 하나였다고 말할 수 있다.

이처럼 반·반차별의 상에서는 일부 우파가 혐오 발언이나 가짜 뉴스 등을 독자적인 전술로 이용하고 그것들을 통해서 좌파를 공격한다. 일반적으로 이러한 행위들은 소위 반지성주의적인 것으로 여겨지며 그들의 무지함이나 몽매함 때문에, 즉 그들에게 지성이 부족하기 때문에 이루어진다고 생각된다. 그러나 실제로는 반드시 그렇지만은 않다.

그것들은 전술인 이상 의도적이고 전략적인 행위들이다. 그렇다면 모종의 지성을 갖추고 있기에 그런 행위가 이뤄진다고 말할 수 있다. 더욱 정확히 말하면 '간사한 지혜'를 가지고 있기 때문이다.

거기에서는 좌파의 지혜와는 또 다른 형태의 지혜, 더욱 실천적이고 교활한 그들 나름의 지혜를 엿볼 수 있다. 오히려 그들은 마음껏 그 지혜로운 계략을 부리고 있을지도 모른다.

소박한 차별주의와 과격한 반·반차별주의

앞에서 이야기한 구조를 바탕으로 여기서 다시 한번 차별 문제에 대해, 특히 차별주의의 기본 방향이라는 면에서 생각해보자.

일반적으로 차별주의에는 차별의 상에서 나타나는 소박한 차별주의와 반·반차별의 상에서 나타나는 더욱 과격하고 비뚤어진 차별주의, 즉 반·반차별주의가 있다고 생각할 수 있다. 실제로 양자는 뒤섞여 나타나 서로 의지하면서 차별주의의 전체를 이루고 있지만 그 성격에는 근본적인 차이가 있다.

우선 소박한 차별주의는 어느 사회에나 오래전부터 존재했으며 인습적이고 무자각적인 차별 행동을 낳는다. 그것은 다수자의 특권을 지키려는 의식에서 나오며 그래서 어딘가 방어적인 성격을 띤다.

반면 반·반차별주의는 혐오 발언이나 가짜 뉴스 등을 통해 의도적이고 전략적인, 그래서 더욱 과격하고 비뚤어진 차별 행동을 낳는다. 그것은 좌파의 월권을 비난하려는 의식에서 나오며 명확한 적대 감정에 기초한 것이므로 공격적인 성격을 띤다.

원래 소박한 차별주의는 신분제나 가부장제 등 전근대적 사회 제도의 잔재를 간직한 것이며 소위 봉건 제도의 일부로서 파악할 수 있다. 한편 그러한 제도를 철폐하기 위해 펼친 것이 여러 종류의 반차별 운동이며 반차별의 상에서 보이는 움직임이었다. 그렇기에 그 기원은 근대 사회의 개막까지 거슬러 올라가야 한다.

프랑스 혁명 등 시민 혁명을 거치면서 신분이나 속성에 근거한 차별을 어느 정도 없앴지만, 완전히 철폐된 것은 결코 아니었다. 예를 들어 남성과 여성, 백인과 유색인종, 식민자와 피식민자 등 다수자와 소수자 사이에는 여전히 격차가 있으며 그들을 둘러싸고 다양한 운동이 전개되어왔다. 페미니즘 운동, 시민권 운동, 탈식민 운동 등이다. 그 과정에서 소박한 차별주의는 조금씩 사라지고 허물어져왔다고 할 수 있다. 이러한 점으로 미루어 볼 때 근대사란 어떤 의미에서 반차별의 상이 차별의 상을 무너뜨려온 과정이라고도 볼 수 있다.

그런데 20세기 종반 이후 그러한 움직임에 대한 반발이 세계 각지에서 포착된다. 예를 들면 미국에서 시행된 적극적 우대 조치나 유럽의 이민 보호 정책 등 소수자를 보호하기 위한 복지 정책에 대해 역차별이라는 등 반발의 목소리가 다수자 일부에서 제기되었고 '복지 배외주의'라는 새로운 차별주의 사고방식이 나타난다.

그것은 단순히 차별을 긍정하려는 것이 아니라 복지 국가의 재분배 정책과 더불어 생기는 '역차별'을 비판하는 형태로 차별을 정당화하려는 것이다. 즉 소수자가 우대받고 다수자가 푸대접받는다고 주장함으로써 격차를 바로잡으려는 움직임을 역방향으로 되돌리려는 것이다. 반차별 운동의 성과인 복지 정책에 대한 반발에서 생겨난 그러한 움직임은 소박한 차별주의의 발현이 아니라 반·반차별주의의 발현 혹은 양자가 결합한 것이라고 볼 수 있다.

오늘날은 그러한 생각이 크게 확대되어 일본의 넷우익 등도 포함해 우파 포퓰리즘의 세계적인 풍조를 지탱하고 있다. 그런 흐름 위에 성립한 것이 트럼프 행정부였다고도 말할 수 있다. 거기서 혐오 발언이나 가짜 뉴스가 그야말로 전략적으로 이용되고 있었다는 것은 주지하는 바와 같다.

포스트모던 현상으로서의 반·반차별주의

이와 같이 반·반차별주의는 '근대 프로젝트'인 반차별주의에 대한 도전이며 그런 의미에서는 포스트모던 현상이라고할 수 있다. 더 나아가 차별의 상, 반차별의 상, 반·반차별의상이라는 세 가지 상은 각각 프리모던, 모던, 포스트모던에대응한다고 볼 수 있다.

이러한 점에서 오늘날 차별주의로서 더더욱 심각한 문제를 초래하는 쪽은 소박한 차별주의보다는 반·반차별주의가 아닐까. 소박한 차별주의는 프리모던 현상으로서 아직도뿌리 깊게 남아 있긴 하지만 수세기에 걸쳐 서서히 허물어졌으며 조금씩이나마 약해져가는 흐름에 있기 때문이다. 따라서 방위적인 성격을 가진, 예를 들면 기득권에 매달리려는 고령 남성의 실언 등에서 단말마적으로 표출되는 경우가많다.

반면 반·반차별주의는 포스트모던 현상으로서 요즘 들어 강해졌으며 공격적인 성격을 가진다. 혐오 발언이나 가짜 뉴스 등을 통해서 예를 들면 인종차별주의자나 여성 혐오자 그룹 등 적의에 의해 생겨난 사회 집단이 노골적인 인권 침해 행위로서 확신범적으로 표명하는 경우가 많다. 이러한 점에서 그 '위험도'가 더 높고, 그렇기 때문에 반차별 운동이 더욱 신중하게 대처해나가야 하는 것은 역시 반·반차별주의 쪽이라고 할 수 있다.

그러나 반차별 운동의 담당자인 좌파는 소박한 차별주의는 강하게 의식하지만 반·반차별주의에 대해서는 그 메커니즘을 별로 의식하지 않는다. 아니, 그렇다기보다는 소박한 차별주의와 구별해서 생각하려고 하지 않고 양자를 하나로 묶어버리기도 한다. 바꿔 말하자면 모든 차별주의는 소박한 차별주의이며 옛날부터 존재해왔다고 생각하는 경향이 있다.

좌파들이 그러한 관점을 지니는 이유는 진보한다는 태도 때문일 것이다. 왜냐하면 차별주의에 대한 그들의 비판은 '새로움' 쪽에서 '오래됨'을 부정하는 태도로 이루어지는 경우가 많다. 말하자면 '새로움' 쪽에서 '오래됨'을 바라보는 혹은 깔보는 시선 아래 행해진다.

그러나 그러한 시선 아래서는 포스트모던 현상인 반·반차별주의를 포착할 수 없다. 그것은 그들의 관점보다 '더 새로운' 것이며 그들이 바라보는 시선의 반대쪽에 존립하는 것, 즉 그들의 배후에 위치하기 때문이다. 그래서 좌파는 때때로 그 배후에서 영문도 모른 채 반·반차별주의 아래 결집한 우파에게 급습을 당한다. 나이키 사태를 둘러싸고 일어난 움직임도 그러한 것이 아닐까.

자유주의 이념과 상업주의의 편리

여기서 다시 한번 나이키 광고에 대해 생각해보자. 그것은 그 의도대로 소박한 차별주의를 끄집어내고 그 근절을 향한 과감한 공헌을 이뤄냈다고 말할 수 있다. 그러나 한편으로는 그 의도를 넘어 반·반차별주의를 과도하게 불러일으켰고 그 결과, 더욱더 끔찍한 상황을 초래했다.

물론 그러한 상황을 만들어낸 것은 일부 우파이며, 나이키가 그 책임을 전적으로 물어야 할 이유는 없다. 그러나 오늘날 나이키가 근절하려고 했던 소박한 차별주의보다 그들이 불러일으킨 반·반차별주의가 오히려 심각한 문제를 야기하는 상황을 생각하면 그런 '부정적 성과'를 무시하긴 어렵다.

그럼 이번 건은 왜 우파 사이에서 그 정도까지 반발을 불러일으켰을까. 역시 거기에는 나이키의 수법이 영향을 미쳤다고 봐야 할까. 그들은 나이키가 상업적인 '새로움'을 어필하기 위해서 좌파의 정치적인 '새로움'을 이용하고, 게다가 그와의 대비로 일본 사회의 '오래됨'을 이용한 것이 아니냐며 문제 삼았을지도 모른다.

여기서 미야시타 공원과 관련해서 일부 좌파가 제기했던 비판의 소리를 떠올려보자. 그들 역시 나이키의 태도, 특히 정치적인 것과 상업적인 것을 자의적으로 연결하려는 자세를 비판했다. 즉 나이키는 차별이나 인권과 관련된 사회정의를 멋대로 '상업적으로 이용'하는 것이 아니냐는 의심을 받고 있었다.

이러한 점에 비추어 볼 때, 실은 좌파로부터 받은 비판도 우파로부터의 반발도 결국 같은 문제의식이 계기가 되었다고 볼 수 있다. 자유주의 이념을 상업주의의 편리로서 유용하고 전용해버린 점에 대한 비판, 그리고 그러한 비열한 수법에 대한 반발일 것이다.

이처럼 이번 건의 배경에는 좌파와 우파의 대립 구도가 분명히 존재했다. 그러나 거기에 불을 질러 그러한 대립을 더욱 첨예하게 만든 것은 모종의 상업주의였다. 말하자면 나이키의 상업적 야심이 좌우 양쪽에 정치적인 플레이밍을 불러일으켰다고 할 수 있다.

그러나 그 결과, 좌파도 우파도 나이키도 아닌 재일 교포 등 일련의 항쟁과는 아무런 관련이 없는 소수자들이 가장 심각한 피해를 입고 말았다. 그동안에도 참혹한 일을 당해온 사람들이 이번에도 타깃이 되어 더욱 큰 곤욕을 치르게 되었다. 원래는 그러한 사람들을 구하기 위해 시작된 움직임이었으나 오히려 반대의 상황이 벌어지고 말았다는 점은 정말 아이러니하다.

오늘날에는 차별을 둘러싼 움직임이 점점 더 복잡해지고 있다. 그런 가운데 반차별 운동은 지금까지 그래왔듯이 소박한 차별주의의 근절을 호소해나가야 하겠지만, 한편으로는 반·반차별주의의 억제도 고려해야 하지 않을까.

다만 반·반차별주의를 불러일으킬까 봐 걱정한 나머지 소박한 차별주의에 대한 비판을 삼가는 일은 없어야 한다. 그것은 '근대의 프로젝트'로서 이전으로 돌아갈 수 없기 때문에 그러한 행보를 멈출 수도 없고 멈춰야 할 필요도 없기 때문이다.

그러나 한편으로 전자에만 너무 몰두한 나머지, 즉 소박한 차별주의가 모든 일의 원흉이라고 생각하여 반·반차별주의의 메커니즘을 살피지 않는 것도 바람직하지 않다. 예를 들어 고령 남성의 말실수를 적발하는 일도 중요하지만 혐오 발언이나 가짜 뉴스의 메커니즘을 분석하는 일은 그 이상으로 중요하다.

여기서 나이키의 유명한 기업 슬로건을 떠올려보자. "Just Do It"이다. 활동적이고 단순한 태도가 바람직한 것은 말할 필요도 없다. 그러나 오늘날의 반차별 운동에는 동시에 더욱더 다각적인 시각, 그리고 자성적인 자세가 필요하지 않을까.

5장

악성 게시물과

공감시장주의

왜 노력하는 자가 두들겨 맞는가

●●

2020년 5월 후지TV 계열 리얼리티 프로그램 〈테라스 하우스〉에 출연한 여자 프로레슬러 기무라 하나가 사망하는 사건이 일어났다. 남녀 여섯 명이 셰어 하우스에서 함께 생활하는 모습을 담은 연애 리얼리티 프로그램이었는데, 거기서의 언동을 둘러싸고 인스타그램이나 트위터 등에 시청자가 올린 비방과 악성 게시물 등으로 괴로워하다가 결국 자살한 사건이었다. 그녀에 대해 안 좋은 의견이 담긴 게시물들은 4월경부터 많아졌으며 사건 직전에는 매일 열 건 가까이 올라왔다고 한다.

이 사건을 계기로 소셜 미디어상의 악성 게시물이 심각한 사회 문제로 받아들여지게 되었고 대책 마련을 위한 논의가 진행되었다. 9월에는 총무성이 정책 패키지를 발표했는데, 이용자에 대한 호소, 플랫폼 사업자를 향한 요청, 작성자 정보 공개에 관한 대처, 상담 체제 정비라는 네 가지가 그 축이었다. 그중에서도 작성자 정보 공개에 관해서는 절차를 간소화하기 위한 법 정비가 빠른 속도로 진행되어 2021년 4월에는 프로바이더(공급자) 책임 제한법이 개정되기에 이르렀다.

이렇게 다양한 대책이 추진되었지만 문제가 수습되지는 않았다. 특히 같은 해 7월에 열린 도쿄 올림픽 당시에는 개회 전부터 선수에 대한 비방이나 악성 게시물이 잇따르면서 큰 사회 문제가 되었다. 수영 선수 이케에 리카코, 테니스 선수 오사카 나오미, 수영 선수 세토 다이야, 탁구 선수 미즈타니 준, 서핑 선수 이가라시 가노아, 체조 선수 하시모토 다이키 등 많은 선수가 표적이 되자 JOC(일본올림픽위원회)와 IOC(국제올림픽위원회) 외에 각종 경기 단체도 대응에 나섰다.

그들에 대한 악성 게시물은 천차만별이며 내용 면에서 그것들을 일괄적으로 다루기는 어렵다. 예를 들면 이케에나 오사카에 대해서는 올림픽 정상 개최를 둘러싼 의견이나 인종 차별적 편견에 부딪힌 것 등 정치적인 내용이 많고, 세토에 대해서는 불륜 관련 비난이 많았다.

그러나 남달리 노력해온 선수에 대해서 아무런 관련이 없는 사람들이 텔레비전 등을 통해 그 모습을 지켜봤음에도 생각 없이 떠드는 구도 자체는 동일하며 기무라의 경우에도 마찬가지다. 기무라는 젊은 프로레슬러로서 분투하는 모습을 패기와 함께 보여줬고, 이케에는 백혈병에서 회복한 과정을 그 기적적인 노력과 함께 전해왔다.

이처럼 오늘날에는 특히 연예인이나 운동선수 등 많은 인기를 누리고 남들보다 더 노력하는 모습을 보이는 사람에 대한 악성 게시물이 증가하고 있다. 욕을 먹는 당사자는 '왜 내가 사람들 입에 오르내려야 하는가'라는 생각이 남들보다 강할 것이고 그 때문에 최악의 경우에는 기무라처럼 극단적 선택에 이르게 된다.

명백하게 나쁜 짓을 했다면 몰라도 그렇지 않은 자, 응원받아 마땅한 존재에 대해서 왜 안 좋은 글을 쓰는 것일까.
이 장에서는 이 문제에 대해 살펴보고자 한다.

인터넷 악성 비방의 간단한 역사

먼저 인터넷 악성 비방의 내력을 간단하게 되돌아보면서 그
내실이 어떻게 변했는지 살펴보자.

이 현상을 처음 세상에 알린 것은 인터넷 보급에 앞선
PC통신 시대에 니프티서브(일본 최대 회원 수를 자랑하는 후지
쓰의 대형 PC통신 서비스다. 기본적으로 전자 우편, 게시판 등의 서
비스를 제공한다-옮긴이)에서 일어난 몇 가지 소송 사건이었
다. 1994년 4월의 현대 사상 포럼 사건, 1999년 2월의 책
과 잡지 포럼 사건 등이다. 이들은 모두 타인을 비방한 게시
물에 대한 책임을 당사자뿐만 아니라 플랫폼 사업자 등에게
도 물을 수 있는지를 다툰 소송이었다. 오늘날의 프로바이
더 책임 제한법을 둘러싼 논란의 단초가 된 사건이었다. 이
처럼 그곳에서의 비방은 주로 일대일 당사자 간, 그것도 인

터넷상에서 지인 간에 벌어지는 행위였다. 그런데 논쟁이 격화되면서 말다툼이 벌어졌고 더욱 격렬한 싸움이 되기에 이른 것이다.

당시에 미국에서는 CMC(컴퓨터로 연결되는 커뮤니케이션 연구)라는 분야에서 '플레이밍'이라고 불리는 현상의 조사가 진행되고 있었다. '타오른다'는 의미로 특히 인터넷상의 커뮤니케이션에 수반되는 개인 간의 언쟁을 가리키는 것이었다.

그 주된 원인은 '단서 부족', 즉 이름이나 신분, 말투나 표정 등 문맥적인 정보가 인터넷상의 소통에서는 부족하다 보니 이런 상황에 이른다고 보았다. 고전적인 해석이라고 할 수 있겠지만 인터넷 초창기에 그러한 상황이 현저하게 나타나면서 인터넷상에서의 다툼이 점점 늘어났을지도 모르겠다.

이러한 점에서 이 시기를 우선 플레이밍의 제1기로 파악할 수 있다. 여기서는 인터넷상의 모함이나 헐뜯기가 일대일 당사자 간의 행위로 파악되는 경우가 많았다.

투과성과 익명성의 불균형

●●

그러나 그 후 인터넷이 보급되고 게시판, 블로그, 소셜 미디어 시대가 되면서 인터넷상의 비방 형태도 변화해간다. 그것은 당사자끼리 일대일 구도에서 비난 대상과는 관련이 없는 다수의 제삼자에 의한 것으로 바뀐다.

그러한 움직임을 선도한 존재가 익명 게시판 니찬네루의 이용자들이었다. 그들은 블로그 등을 물색하며 마음에 들지 않는 내용의 글을 올리는 자를 발견하면 몰려가서 악성 댓글을 달았다. 어느 주부의 블로그를 대상으로 2003년 5월에 일어난 'JOY 축제'('JOY'라는 아이디를 쓰는 여성이 남편과 아이와 함께 술집에 갔는데 아이가 술집에서 뛰어다니자 가게에서 누군가가 '가정 교육이 엉망이다'라는 취지의 발언을 했고, 그 말을 전해 들은 남편이 누가 그런 말을 했느냐며 가게 점원 등에게 항의했다는 내용을 자신의 블로그 일기에 올리면서 시작된 사건이다—옮긴이) 등을 시작으로 그들의 '축제'가 반복되었다. 그리고 그런 움직임은 2005년경부터 '플레이밍'이라고 불리게 된다. 그 후 소셜 미디어가 보급되면서 더욱이 일반 소셜 미디어 이용자들까지도 휘말리게 되었고 점차 규모가 커졌다.

이윽고 더 큰일이 벌어지는데, 2013년 6월 이와테현 의회 의원 고이즈미 미쓰오가 사망한 사건이다. 그는 블로그에 올라온 악성 게시물로 괴로워하다가 자살한 것으로 여겨졌다. 그 계기가 된 것은 고이즈미의 블로그 글이었다. 진찰을 받으러 간 병원에서 번호로 호명하자 화가 나서 "여기가 교도소냐. 이름으로 불러라" 등과 같은 내용을 적은 글이 반발을 샀고 블로그가 불타올랐다. 그 후 소동은 점점 커졌고 사과 기자회견을 하는 모습이 텔레비전을 통해 전국에 뉴스로 송출되는 등 심각한 사태에 이른 것에 따른 선택으로 보인다.

이 사건은 아르바이트 테러 소동이 절정에 이른 2013년 여름에 일어났고, 그 구조도 아르바이트 테러 소동과 같았다. 그는 니찬네루 이용자들에게 고발당했고, 일반 소셜 미디어 이용자뿐만 아니라 언론까지도 그를 질책했다. 고이즈미가 저지른 일을 일제히 비난했기 때문에 그것이 악성 댓글 등에 해당한다고 대부분 의식하지 못했다.

그러나 오늘날의 시점에서 보면 비난의 격렬함은 도를

벗어나 있었고, 그 대상이 똑같이 자살을 선택했다는 점에서 볼 때 이 사건은 기무라 사건의 선례라고 평가할 수 있다. 그 당시 이러한 유형의 도를 넘은 비난이 쉽게 일어난 이유는 다양한 수단이 보급되면서 인터넷상의 커뮤니케이션 구성이 바뀌었고, 특히 투과성과 익명성이라는 상보적인 두 가지 성질에 변화가 생겼기 때문이다.

먼저 비난을 당하는 쪽에서 보면 블로그 등을 통해 자신의 언행이 누구에게나 노출되고 투과성이 높아졌기 때문에 무엇이든 이야깃거리가 되어버린다. 한편 비난하는 쪽에서 보면 게시판 등의 장소에서 발언의 익명성이 높아졌기 때문에 무슨 말을 해도 용서를 받는다. 즉 투과성이 높아져 이전까지는 보기 어려웠던 것을 볼 수 있게 되었기에 비난이 한층 더 쉬워졌다는 말이다.

그때 투과성을 높이는 데는 블로그가, 익명성을 높이는 데는 게시판이 특히 도움이 되었다. 또한 소셜 미디어는 계정 분리가 가능해지면서 이 두 가지 성질이 모두 높아졌다. 그런 조건이 합쳐져 양자 간의 균형이 깨지고 악성 비방이 쉽게 일어나게 되지 않았을까.

이 시기를 플레이밍 제2기로 파악할 수 있겠다. 이때 인터넷상의 도 넘은 비난은 다수의 제삼자에 의한 행위로 자리매김한다.

무례한 팬이 '최애'를 공격한다

그러나 그 후 상황은 더욱 변화해간다. 아르바이트 테러 소동이 큰 사회 문제가 되었고, 고이즈미 사건 등을 계기로 인터넷에 경솔하게 글을 올리지 않도록 일깨우는 활동이 진행되기도 했다. 일반인을 대상으로 하는 비난은 점차 진정되어갔으나 그 대신 연예인을 비롯한 유명인이 타깃이 되었다. '만나러 갈 수 있는 아이돌'이라는 콘셉트로 출발한 여자 아이돌 AKB48에게서 전형적으로 보이듯이 현재 아이돌, 탤런트, 개그맨 등은 친근함이나 친밀함 어필에 한층 주력하고 있다. 팬과의 거리감을 좁히고 손에 닿을 듯한 존재로 보여야 그들과의 유대감을 강화할 수 있어서다.

그들에게는 블로그나 소셜 미디어의 높은 투과성이 큰

무기가 된다. 자신의 평소 모습을 있는 그대로 팬들에게 보여줄 수 있기 때문이다. 특히 인스타그램이 보급되어 일상 등을 공유하는 커뮤니케이션이 주류가 되자 소셜 미디어는 이를 위한 최적의 도구가 되었다.

하지만 거기에는 위험성도 물론 존재한다. 그 투과성 때문에 유명인은 무엇을 해도 이야깃거리가 되어버리고 한편으로 그 익명성 때문에 팬은 무슨 말을 해도 용서가 된다. 따라서 플레이밍이 시도 때도 없이 일어난다.

그렇다고 자기 어필을 그만둘 수도 없는 노릇이다. 그것은 연예계 활동 자체를 그만두는 것으로도 이어질 수 있기 때문이다. 예를 들면 2009년 1월에 블로그를 개설한 전 모닝구무스메 멤버 쓰지 누조미는 여러 사건으로 구설수에 시달렸고 '뭘 해도 욕먹는' 연예인 등으로 불리게 된다. 당시에 수도 없이 울었다는 쓰지 노조미는 "벌써 블로그를 그만두고 싶다고 소속사에 말한 적도 수십 번이나" 된다고 했지만 그래도 그만두지 않고 '뭘 해도 욕먹는' 연예인으로서 활동을 끈질기게 이어갔고, 그러는 사이에 새로운 인기를 얻게 되었다.

그러한 가운데 비방 행위의 형태도 변화해간다. 말하자면 그 주체가 안티에서 팬으로, 그것도 '무례한 팬'으로 바뀌었다. 예를 들면 이전까지는 니찬네루 이용자가 과도하게 비난받는 유명인의 '천적'이었고, 연예인 혹은 존대한 정치가 등 그들과는 정반대에 위치한 적대적인 존재를 대상으로 삼은 것에서 알 수 있듯이 어디까지나 안티의 입장에서 비방이 이루어졌고, 당연하게도 싫어하는 상대를 향한 것이었다.

그러나 그 후 이것은 더는 당연하지 않게 된다. 오히려 팬이 좋아하는 상대에게 하는 행위가 되었다. 정확하게 말하면 좋아하는 상대, 그것도 열심히 응원하는 가장 좋아하는 연예인 등이 조금이라도 자기 뜻과 맞지 않는 일을 하면 금세 트집을 잡고 마음에도 없는 말을 한다. 그런 행위가 온라인 악성 게시물의 큰 부분을 차지한다. 그것은 모종의 팬 심리, 특히 '무례한 팬'의 심리에 근거한 행위라고 말할 수 있다. 거기에서는 응원과 비방이 표리일체를 이룬다.

오늘날 특히 연예인이나 운동선수 등 남보다 갑절로 노력한다고 생각되는 사람들이 도 넘은 비난을 받는 경우가 많은데, 그 배경에는 이러한 사정이 숨어 있지 않을까. 즉 그들은 남달리 노력하고 있고 팬들도 열심히 응원하지만, 몇 몇 팬은 그 대가로 자신의 기대대로 그들이 움직여주기를 바란다. 그래서 조금이라도 자기 뜻과 맞지 않는 일을 하면 배신감을 느끼고 심한 말을 한다. 그런 행위가 도 넘은 비난과 악성 댓글이 되는 것은 아닐까.

그렇다면 그들은 응원받아야 할 존재임에도 불구하고 비난받는 것이 아니라 오히려 응원받아야 할 존재이기 때문에 비난받는다고 말할 수 있다. 게다가 쓰지 노조미의 사례를 보면 팬의 행위가 패턴화되고 일종의 오락처럼 되어버린다. 팬들이 논란을 일으킬 만한 소재들을 서로 경쟁하듯이 찾아내고 악성 게시물을 올림으로써 고조된다. 아마도 도 넘은 비난을 퍼붓거나 악성 게시물을 올리는 행위가 팬들 사이에서는 해당 인물을 즐기기 위한 일종의 소비 행동이 되었을지도 모른다.

이러한 점에서 이 시기를 플레이밍 제3기로 파악할 수 있다. 여기서는 인터넷상의 악성 비방이 '무례한 팬'에 의한 행위로 자리매김한다. 그렇다면 그 배경에는 무엇이 있을까. 이후에 좀 더 생각해보자.

공감과 반감의 모순

여기서 기무라 사건에 대해 자세히 살펴보자. 연애 리얼리티 프로그램 〈테라스 하우스〉의 열성적인 시청자들은 텔레비전을 보면서 출연자의 소셜 미디어를 확인하고 누가 누구에게 어떻게 반응하는지를 자세히 관찰하고 있었다고 한다. 예를 들면 누가 누구와 함께 식사하고 누구에게 '좋네요'라는 말을 몇 번 했는지, 누구의 팔로를 끊었는지 혹은 부활시켰는지 등이다.

그 과정에서 시청자들은 프로그램 속 출연자들의 말과 행동에 대해 다양하게 반응하고 그 상황에 몰입해 자기 생각을 소셜 미디어에 올렸다. 그런 가운데 출연자들 사이에 사소한 실랑이가 벌어졌고 기무라가 감정적인 태도를 보이자 많은 시청자가 반감을 품고 불쾌한 마음을 표현했다.

거기서 출연자와 시청자는 마치 일체가 된 듯한 유사 친구 관계였다고 말할 수 있다. 출연자들의 미묘한 관계 속에 시청자 또한 친구로서 끼어들고 같은 차원에서 서로 생각을 부딪쳐간다. 그러다 무리 중 한 명의 언동이 거슬렸고 그것을 솔직하게 '디스(비판)'하게 된 것이다.

그러한 독특한 관계성이 가능했던 이유는 시청자가 출연자에게 깊이 공감하고 그것을 바탕으로 격렬한 감정 이입이 이루어졌기 때문이다. 즉 시청자는 출연자들 사이에 벌어진 사건을 마치 자기가 체험하는 것처럼 느끼고 그들의 요동치는 감정에 자신의 감정을 이입한다. 한편으로 출연자도 시청자의 그러한 감정을 받아들여 자신의 감정을 동조해 간다.

그러나 그러한 강한 공감의 자기장 속에서 때로는 강한 반감이 형성되기도 한다. 거기에서는 상대와의 일체감이 강해지고 그에 따라 상대에 대한 기대도 높아지기 때문에 자신의 뜻과 맞지 않는 언동을 조금이라두 보이면 화가 난다. 또한 상대와의 거리감이 사라져서 상대에 대한 경계심도 없어지기 때문에 무슨 말을 해도 용서받을 것이라고 믿으며 이내 출연자를 우습게 보게 된다. 그 결과 강한 공감은 강한 반감으로 단번에 바뀐다. 그런 반전 현상은 역설적이게도 공감의 자기장이 강할수록 일어나기 쉽다.

이러한 이유로 기무라는 생각지도 못하게 과도한 욕을

먹게 되었을 것이다. 게다가 그때 그 장소의 불균형한 성질이 사태를 더욱 악화시켰다. 기무라 입장에서는 현실의 친구, 즉 출연자는 몇 명뿐인데 가상의 친구인 시청자는 수백만 명이나 존재한다. 통상적이라면 양자는 다른 차원의 존재이며 뒤섞이지 않지만, 거기에서는 양자가 서로 연결되어 일체화된다. 그 때문에 기무라에게는 압도적 다수인 가상 친구의 목소리가 현실 친구의 목소리처럼 생생하게 들렸을지도 모른다.

거기에는 두 가지 불균형이 존재했다고 볼 수 있다. 하나는 텔레비전의 고유한 성질로서 출연자의 소수성과 시청자의 다수성이라는 대중 매체의 불균형이다. 다른 하나는 출연자의 투과성과 시청자의 익명성이라는 소셜 미디어 고유의 불균형이다. 그러한 가운데 출연자와 시청자가 함께 균형 감각을 잃고 비정상적인 수준의 비난이 난무하는 상황으로 키워버린 것은 아닐까.

공감지상주의 풍조

그러한 독특한 자기장은 연애 리얼리티 쇼라는 프로그램의 구조에서 만들어졌다. 있는 그대로의 모습을 보여주는 리얼리티라는 설정이 시청자들 사이에 널리 공감을 불러일으키고 출연자들에게 강하게 감정 이입을 하도록 유도했는데 그것이 프로그램의 목적이기도 했다.

그러나 한편으로 거기서 보이는 강한 공감 지향성, 그리고 그 불안정함이라는 특성은 리얼리티 프로그램뿐만 아니라 오늘날 소셜 미디어 환경 속에서도 많이 발견된다. 인스타그램이 보급되어간 2010년대 중반 이후 젊은이들은 소셜 미디어를 통해 어떻게 자기 어필을 해서 친구들의 공감을 얻을 것이냐는 명제에 필사적으로 임해왔다. 그들은 자신의 독특한 체험을 소셜 미디어에 올려서 친구들의 공감을 얻으려 하지만 그렇게 해서 누군가를 '깎아내린다'는 느낌이 들면 오히려 반감을 사게 되므로 친근함이나 친밀함을 강조하고 미움을 받지 않으려고 노력한다. 즉 자기 자랑을 하면서 동시에 자랑이 아니라는 어필도 해야 한다. 그렇게 공감이 반감으로 바뀌지 않도록 잘 피하면서 얻은 공감의 양이 그들의 인정 욕구를 충족한다.

이러한 복잡한 조작을 실행하기 위해서 다양한 기법이 개발되었다. 사진 찍는 법, 가공하는 법, 필터 사용법, 해시태그 다는 법 등이다. 예를 들어 화장 후 찍은 사진과 함께 민낯 사진을 보여주고 '비포 앤드 애프터'를 공개하는 것도 그런 기법 중 하나다. 즉 화장한 사진을 보여주면서 아름다움을 어필하는 동시에 그것만으로는 미움을 받을 수 있으니 민낯 사진을 보여주면서 친근함을 어필하고, 거기에 '비포'에서 '애프터'에 이르기 위한 노력의 흔적을 보여주어 친밀함을 어필하는 식이다. 그 결과, 반감을 막고 공감을 극대화할 수 있다.

다만 이러한 복잡한 기법 개발을 주도해간 것이 반드시 일반 젊은이는 아니다. 오히려 일부 아이돌이나 배우 등 연예인이었다. 팬들의 공감을 어떻게 얻을 것인가, 한편 반감을 어떻게 피할 것인가와 같은 명제는 그들에게 사활이 걸린 문제였기 때문이다.

말하자면 강한 공감의 자기장을 주재하고 그 안에서 공

감과 반감의 발생을 잘 조절해나가는 일 자체가 소셜 미디어 시대에 연예 활동의 중요한 일부가 되었다. 그래서 그들은 꾸미지 않은 평소 모습을 보이거나 혹은 은근히 유사 연애 분위기를 조성하는 등 자기 어필을 위한 다양한 기법을 구사하며 팬들의 마음을 사로잡고 자기 프로듀싱을 실천해나간다.

그러나 공감과 반감이란 끊임없이 옮겨가기 쉬워서 그 양태를 완전히 통제할 수는 없다. 그 때문에 사소한 '조작 실수'로 인해 과도한 비난이 난무하는 사태가 일어나는 일도 자주 있었다.

그리하여 2010년대에는 인플루언서인 연예인과 그 영향을 받은 젊은이들이 일체가 되어 자기 어필을 위한 복잡한 게임 규칙을 정하면서 공감과 반감이 교차하는 장을 만들어갔다. 거기서는 공감 지향이 강하게 추구되므로 오히려 심한 비난과 악성 게시물이 생겨난다.

개그맨이자 작가인 마타요시 나오키의 2015년 아쿠타가와상 수상작 『불꽃』에는 등장인물 중 한 명이 다음과 같이 말하는 대목이 나온다. "공감지상주의인 녀석들은 기분

나쁘잖아? (중략) 의존하기 쉬운 감각이긴 하지만 창작에 종사하는 인간은 거기서 졸업해야만 해. 다른 건 하나도 안 보이게 되니까."

그러나 그 후 2010년대 후반을 통해서 '창작에 종사하는 인간'은 거기서 졸업하기는커녕 점점 더 많은 팔로어를 끌어들여 '공감지상주의' 풍조를 더더욱 공고히 해나갔다. 그 귀결 중 하나가 〈테라스 하우스〉이며 나아가 기무라 사건이 아니었을까?

공감 개념의 전후 민주주의적 전환

여기서 '공감'이라는 말과 이 개념의 구성에 대해 다시 생각해보자. '함께 느낀다'라는 데에서 나타나듯이 가장 기본적인 의미는 '타인과 같은 감정을 갖는 것'이다.

같은 의미의 영어 단어로 'sympathy', 'empathy' 등이 있는데 'sym(함께)'과 'pathy(감정)'로 구성된 'sympathy'는 '공감'과 같은 조어 구조를 가졌다. 이 말은 그리스어에서 유래한 오래된 단어인데, 거기에 깊은 의미를 담아 쓴 것은 18세기 스코틀랜드의 계몽 사상가들이었다. 그중 한 명인 애덤 스미스에 따르면 그것은 "상상으로 자기 자신을 그의 입장에 두고 (중략) 어느 정도까지 그와 같은 인물이 된다"는 것으로 "그가 느끼는 것에 대해 일정한 관념을 형성하고 (중략) 그가 느끼는 것과 비슷한 무언가를 느끼기까지 한다"라는 의미일 것이다. 즉 "다른 사람의 입장에서 그가 어떻게 느끼는지 상상하는 것"이라고 정의할 수 있다. 그 후 그런 함의가 더욱 명확한 말로서 독일어의 'Einfülung(감정 이입)'을 바탕으로 20세기에 만들어진 것이 'empathy'였다.

한편, 일본에서는 이 의미를 나타내는 말로서 '공감'이 예로부터 사용되어온 것은 아니다. 사상사가 나카지마 요이치에 의하면 '공감'이 이러한 의미로 국어사전에 처음 실린 것은 1949년이라고 한다. 그 후 '공감'은 급속히 보급되어 정착해갔다.

그렇다면 그 이전에는 어떤 단어가 이 의미를 나타냈을까. 그것은 주로 '동정'이었다고 한다. '공감'은 전후에 보급된 새로운 말이지만 '동정'은 한자어에서 유래한 옛말이며 전쟁 전에는 현재의 '공감'과 마찬가지로 일반적인 감정에 대해 널리 쓰였다고 한다.

그러나 '공감'이 나타나면서 일반적인 의미는 그쪽으로 옮겨가고 '동정'은 특히 다른 사람의 고통이나 슬픔 등 부정적인 감정에 대해 사용하게 되었다. 나카지마에 따르면 1971년에는 국어사전에서 '동정'이 일반적인 의미로 사용되지 않게 되었다고 한다.

이러한 점에서 볼 때 특히 1950년대부터 1960년대까지, 전후 부흥기에서 고도 경제성장기에 걸친 시기에 '동정'에서 '공감'으로 이행되고 이 개념이 재편성되었다고 볼 수 있다. 그 배경에는 전후 민주주의적 감각의 침투가 있을지도 모른다.

'동정'이라고 하면, 풍족한 자가 불우한 자에게 연민을 느끼거나 베푸는 것이 떠오른다. 모종의 상하 관계가 상정되는 것이다. 반면에 '공감'은 더욱더 평등한 관계성을 함축한다고 말할 수 있다. 말하자면 '타인과 같은 감정을 느끼는 일'을 '동정'은 수직 관계 속에서, '공감'은 수평 관계 속에서 파악하지 않을까. 그래서 전후 민주주의적인 감각이 침투해가는 가운데 어딘가 봉건적인 신분 관계와 연결된 듯한 상하 관계의 인상 때문에 '동정'을 싫어하고 '공감'을 선호하게 되었을지도 모른다. 거기에는 이 두 개념의 전후 민주주의적인 전환이 있었다고 볼 수 있다.

공감 개념의 신자유주의적 전환

그러나 근년에 신자유주의적인 전환이라고 할 만한 또 하나의 전환이 거기에 가세했다. 전후 민주주의적인 전환에 의해 '공감'은 그 수평성 때문에 깊어져간다기보다 퍼져나가는 것으로 받아들여지지 않았을까. '동정'은 '퍼진다'라고 잘 말하지 않지만 '공감'은 '퍼진다'라고 많이 이야기한다. 그래서 '공감'은 감정 주체의 복수성, 더 나아가 다수성을 전제로 한 개념으로 이해된다.

이러한 이해는 특히 2000년대 이후 신자유주의적 풍조와 시장주의적 지향과 결합했다고 여겨진다. 그 결과, 공감대 확산이 하나의 시장으로서 양적으로 인식되었고 그것을

174

얼마나 키우고, 거기서 어떻게 수익을 올릴 것이냐는 논점이 나타난다.

특히 2010년경부터 소셜 미디어가 보급되면서 팔로어 수나 '좋아요' 수 등으로 공감대의 확산을 정확하게 수치화하게 되었다. 공감대는 계측이 가능하고 창출할 수 있으며 감성공학적 조작 대상이 된다. 예를 들어 2011년에는 잡지 〈브레인〉 3월 호의 「소셜 시대의 공감 크리에이티브」, 〈선전회의〉 4월 호의 「공감이 시대의 테마」 등을 시작으로 '공감'에 관한 특집 기사가 광고 관련 잡지에 속속 실렸다. 그 후 그런 논의를 실천하는 형태로 여러 미디어 기업이나 미디어에서 활약하는 연예인, 게다가 그 영향을 받은 젊은이들이 하나가 되어 '공감의 시장화'라는 프로젝트를 추진해나간다. 그 결과로 초래된 '공감 지상 ○○주의'는 실제로는 '공감 시장 ○○주의'를 의미한다고 볼 수도 있다.

그러한 가운데 '공감'의 의미 자체가 변용한다. 공감대를 계측하고 집계하기 위해서는 그것을 조작적으로 정의하고 더욱 다루기 쉬운 변수로 설정해야 한다. 이에 '공감'은 실질적으로는 '동감' 또는 '호감'으로 재정의되었다. 즉 '타인의 말과 행동에 동조하는지' 혹은 '타인의 말과 행동에 호감을 느끼는지'를 나타내는 이진 변수다. '좋아요'나 리트윗 수는 그 집계를 위한 지표가 된다.

그러나 그 결과로서 '공감'의 본래 의미를 잃어버린 것은 아닐까. '공감'은 본래 과거 애덤 스미스가 논했듯이 '타인의 입장에서 타인이 어떻게 느끼는지 상상하는 것'을 의미했다. 말하자면 타인에 대한 상상력에 근거해 타인이 어떻게 느끼는지를 이해한다는 의미였다.

그에 반해 '동감'이나 '호감'은 타인의 의견이나 인상에 대한 평가에 근거해 어디까지나 자신이 어떻게 느끼는지를 표명하는 것이다. 거기서는 타인의 감정으로 들어가는, '어느 정도까지 그와 같은 인물이 된다'라고 하는 상상력이 요구되지는 않는다.

이번 기무라 사건에서는 자신에 대한 비난과 악성 댓글을 보면서 기무라가 어떻게 느꼈을지, 어떤 생각을 했을지 많은 시청자가 충분히 상상하지 못했다. 강한 공감의 자기장 속에서 타인에 대한 상상력이 결여된 채 자신의 감정을 일방적으로 표명하기만 했던 그들의 마음은 심하게 균형을 잃었다. 그 공감성이 높음에도 불구하고 본래 의미의 공감력, 즉 타인에 대한 상상에 기초한 이해력이 매우 부족하기 때문이다.

그러한 불균형한 마음은 결국 공감시장주의의 귀결이 아니었을까. 거기서는 공감을 오로지 집계해야 할 자원, 조달해야 할 재화로서 집합적으로 취급하고 공감하는 사람은 모종의 소비자로서 집단적으로 파악한다. 한 명 한 명의 움직임을 파악해 누가 누구를 상상하고 무엇을 이해하는지를 물어보진 않는다.

앞서 살펴본 바와 같이 인터넷상의 도 넘은 비난은 일대일 당사자 간 벌어지는 일에서 제삼자에 의한 것으로, 그것도 모종의 팬 심리에 기초한 소비 행동으로 그 내실을 변화시켜왔다. 그 변화 과정은 공감시장주의가 공감의 구조를 바꾸고 공감하는 사람들의 마음을 변용시킨 과정과 겹치지 않을까. 그렇다면 이 현상은 공감시장주의가 낳은 부정적 측면의 하나라고 말할 수 있다.

고전적 자유주의의 시조로 여겨지는 애덤 스미스는 일찍이 시장주의를 논했던 『국부론』에 앞서 『도덕감정론』을 저술했고 공감을 통해 공정한 사회를 구축해나갈 필요성을 설파했다. 거기서 공감은 시장주의를 지탱함과 동시에 그것을 바로잡는 것으로 여겨졌다.

그런데 오늘날 신자유주의적 풍조에서의 공감대는 시장주의로 흘러들었고, 때때로 그것을 폭주시키는 역할을 하게 되었다. 그러한 점에 대해서 우리는 자신의 마음 구조를 되돌아보면서 다시 한번 생각해봐야 하지 않을까.

6장

캔슬 컬처의

논리와 모순

올림픽 직전의 사임·해임 운동

2021년 7월, 도쿄 올림픽·패럴림픽 개회식의 음악 작곡 담당자였던 뮤지션 오야마다 게이고가 사임한다는 소식이 들려왔다. 잡지 〈록킹 온 재팬〉 1994년 1월 호 및 1995년 8월에 발행된 〈퀵 재팬〉 등의 인터뷰 기사에서 10대 시절 따돌림의 가해자였던 점, 특히 장애가 있는 학생을 괴롭혔다고 고백한 내용이 문제가 되었다.

이 건은 일부에서는 이전부터 문제시되고 있었는데 대회 조직위원회가 7월 14일 오야마다를 작곡 담당자 중 한

명으로 발표하자 소셜 미디어상에서 재차 비판의 목소리가 퍼져나갔다. 그러자 오야마다는 16일에 사과문을 발표하고 조직위원회도 그것을 받아들여 17일에 오야마다를 교체하지 않겠다는 뜻을 밝혔지만 비난의 목소리는 가라앉지 않았다. 결국 오야마다는 19일에 사임 의사를 밝혔고 조직위원회도 그것을 받아들였다.

그러자 그 후 비슷한 사태가 연달아 일어났다. 다음 날인 7월 20일에는 관련 프로그램에 출연 예정이었던 그림책 작가 노부미가 갑자기 출연을 취소했다. 2008년 11월에 출판한 자서전에서 학창 시절 '교사 괴롭힘'에 가담했음을 고백한 것 등이 문제시되면서였다.

게다가 이어서 개회식 전날이었던 7월 22일에는 개회식·폐회식의 연출 담당자였던 연출가 고바야시 겐타로가 해임되었다. 1998년 5월에 발매한 비디오의 콩트 장면에서 '유대인 대량 참살 놀이'라는 표현을 사용한 것이 문제였는데, 그 전날인 21일에 한 잡지의 편집부가 그 동영상을 트위터에 올렸고 비난 여론이 단번에 퍼지고 말았다.

이렇게 올림픽 개회 직전 일주일 동안 저명인사 세 명이 줄줄이 사임하거나 해임되는 상황에 몰렸는데, 소셜 미디어를 통해 벌어진 고발 행위와 이후 많은 사람이 참여한 규탄 행위가 그러한 움직임을 불러왔다.

그때 세 사람이 한 일을 옹호하는 목소리는 듣지 못했지만, 한편으로 규탄 방식이 너무 일방적이지 않냐며 심한 때리기 풍조에 경종을 울리는 목소리들이 있었다. 특히 고발 대상이 된 행위가 상당히 과거에 벌어졌기에 그것들을 이제 와서 굳이 끄집어내 규탄하는 것이 타당한지에 대한 의문이 제기되었다. 예를 들면 오야마다의 경우에는 따돌림이 발생한 것은 약 40년 전, 세상에 알려진 것은 27년 전이며, 고바야시의 경우에는 23년 전 발언이 문제가 되었다.

그것에 대해 비평가 아즈마 히로키는 트위터에서 다음과 같이 말했다. "오래전 발언이나 행동 기록을 캐내어 인터넷에서 법을 뛰어넘어 린치를 가하는 것은 좋지 않다고 생각하기 때문에 아무리 따돌림이 싫어도 이 규탄에는 동조할 수 없습니다."

이처럼 저명인사의 과거 언동을 고발하고 비판할 뿐만 아니라 그 인물의 활동을 보이콧하고 심지어는 그 지위를 박탈하려는 풍조를 '캔슬 컬처'라고 부른다. 그 인물을 사회에서 '캔슬(취소)'해버린다는 의미에서 그렇게 불린다. 특히 자유주의의 규범을 훼손하는 언동, 즉 젠더, 인종, 장애 등과 관련해 약자의 인권을 침해하는 언동을 한 사람이 표적이 되는 경우가 많다.

이 단어는 2019년경부터 미국에서 자주 사용되었는데, 특히 2020년에는 대통령 선거를 배경으로 보수파와 진보파의 대립이 격화하는 가운데 일부 진보파의 과격한 움직임을 비판하기 위해 보수파가 즐겨 사용한 바 있다. 그러한 의미에서는 정치적 올바름political correctness 등과 같은 위치에 있는 말이라고 할 수 있다.

따라서 거기에는 부정적인 뉘앙스가 담기게 되었다. 그러나 본래는 사회적 약자인 소수자를 옹호하는 입장에서 권력 위에서 안주하는 다수자의 횡포한 언동을 고발하고 그 특권적 지위를 흔들려는 움직임을 의미하는 것이었다. 즉, 낡은 가치관이나 예전부터 전해 내려오는 권력 구조에 반대함으로써 사회를 변혁해나가려는 긍정적인 지향이 담겨 있었다.

그 후 이 단어는 일본에서도 쓰이게 되었고 미국과 마찬가지로 그 시비를 둘러싸고 격렬한 논의가 진행되었는데 그 계기가 된 것이 이번 일련의 소동이었다. 이번 장에서는 이 문제에 대해 생각해보고 싶다.

미투 운동과 오바마의 집념

우선 미국에서의 움직임부터 살펴보자. '캔슬 컬처'라는 말이 자주 쓰이기 전부터 같은 의미로 쓰였던 말로 '아웃레이지(분개) 컬처', '콜아웃(규탄) 컬처' 등이 있다. 이것들은 모두 소셜 미디어의 보급과 함께 퍼져나간 단어들인데, 특히 2017년 이후 도널드 트럼프 전 대통령이 주도하는 형태로 소수자의 인권을 침해하는 발언들이 성행하자 좌파의 분노와 규탄의 움직임이 잇따랐다. 거기서 탄생한 것이 이 해에 시작된 미투(#MeToo) 운동이었다.

영화 프로듀서 하비 와인스타인에 의해 수십 년에 걸쳐 반복되어온 성희롱을 고발하는 기사가 10월 〈뉴욕타임스〉

에 게재되자 피해자들의 고발이 잇따랐고 운동이 단번에 확산되었다. 그 결과 와인스타인의 회사는 경영 파탄에 빠졌고 2018년 5월 당사자가 체포된다. 그 후 와인스타인에게는 금고 23년의 실형 판결이 내려졌다.

한편 다른 저명인사들을 향해서도 비슷한 움직임이 일어났다. 배우 케빈 스페이시, 코미디언 루이 C.K., 저널리스트 찰리 로즈, 사회자 매트 라우어, 음악가 제임스 러바인과 같은 영화, TV, 예술 등 업계 거물들이 줄줄이 고발을 당했으며 하차하거나 해고될 상황에 몰렸다.

그들이 한 짓은 (특히 와인스타인의 경우에는 현저하지만) 강간을 비롯한 성폭력 등 명백한 범죄 행위였고 게다가 그것을 고발한 사람은 바로 그 피해자였다. 그렇다면 그들이 활동이 취소되고 엄벌을 받게 된 것은 당연한 이치라고 할 수 있다.

그때 캔슬 컬처는 (당시에는 이 단어가 많이 사용되지 않았지만) 피해자에게 힘을 실어주고 권한을 주는 일이 되었다. 오랜 시간 울며 겨자 먹기로 참아온 그녀들이 이 운동을 통해 겨우 목소리를 낼 수 있었고, 권력의 보호를 받던 그들을 끌어내릴 수 있었던 것이다.

이러한 '권한 위임empowerment'이야말로 이 움직임의 진정한 의의라고 할 수 있다. 이전까지는 목소리를 내지 못했던 상대에게도 소셜 미디어를 통해 누군가와 목소리를 합치면 무언가를 말할 수 있다. 게다가 당사자의 목소리뿐만 아니라 소셜 미디어를 통해 그 이야기에 귀를 기울이는 많은 제삼자의 목소리도 규합할 수 있다. 그 결과, 거대한 목소리를 만들어내고 권력의 배치를 재편성할 수도 있다. 그것을 증명해 보인 것이 이 운동이었다.

그러나 그 후, 그러한 힘이 헛되이 사용되는 일도 늘어났다. 범죄 행위라고 할 수 없고 인권 침해라고도 단언할 수 없는 사소한 실언 등도 고발 대상이 되었다. 게다가 처음부터 피해 당사자가 아니라 제삼자인 소셜 미디어 사용자로부터 속속 고발이 이루어졌다. 그것은 때때로 해시태그 운동의 형태로 발언자를 엄격하게 몰아갔다.

권한 위임이라는 개념은 권력의 비대칭성이라는 구도를 전제로 한다. 즉 한쪽에 막강한 권력이 있고 다른 한쪽에는 권력에서 소외된 사람들이 있을 때, 후자에게 조금이라도 힘을 줌으로써 양쪽의 비대칭성을 흔들 수 있다는 점에 요점이 있다.

그러나 소셜 미디어에서 작동한 인터넷 사회의 역동성은 권력 배치의 불안정화라는 사태를 초래했다. 거기에서는 권한을 부여받은 군중이 그 자체로 하나의 권력이 되어버릴 수 있다. 그 결과, 캔슬 컬처가 모종의 폭력이 될 가능성도 있다.

버락 오바마 전 대통령은 그러한 점에 대해 일찍부터 우려의 뜻을 나타냈다. 그는 2019년 10월 오바마 재단 서밋에서 한 스피치에서 과열되어가는 캔슬 컬처를 (이때는 '콜아웃'이라는 단어가 사용되었지만) 강하게 비판했다.

오바마는 일부 젊은이들 사이에는 "변혁을 일으키기 위해서 가능한 한 다른 사람에게 엄격하게 해야 한다"는 생각이 있다고 말했다. 그러나 "그것은 운동이 아니"라면서 그렇게 "돌을 던지는 것만으로는 앞으로 나아갈 수 없"기 때문이라고 했다.

게다가 "다른 사람이 얼마나 잘못된 일을 하고 있는지를 트위터에 올리거나 해시태그로 나타낸다"는 것은 "자신이 얼마나 깨어 있는지를 나타내기" 위함이라면서 당사자는 "자기만족에 사로잡히고 기분이 좋을"뿐이라고 했다. 그런 점에서 오바마는 "순수함, 절대 타협하지 않는다는 이념, 나는 항상 정치적으로 깨어 있는 자라는 의식, 그 모든 것을 우리는 조속히 극복해야 한다"고 말했다.

이와 같이 오바마는 캔슬 컬처가 사회를 변혁하는 움직임이 될 수 없다고 단정했다. 거기서 이루어지는 것은 각자의 자기만족과 자기 현시를 위한 행동, 즉 자기 연출을 위한 퍼포먼스라는 것이다.

BLM 운동과 하퍼스 레터

그 당시 트럼프 대통령이 이끄는 보수파와 대치하면서 이른바 진보파의 수호자 역할을 하던 오바마가 캔슬 컬처를 비판한 것은 큰 화제를 불러일으켰다. 특히 젊은 세대는 오바마의 발언에 강하게 반발했고, 그중 일부는 오바마를 구세대 논자로 간주해 깎아내리려는 움직임도 보였다. 그러나 그 후로 그러한 논의가 충분히 전개되지는 않았다. 코로나 사태가 도래하면서 상황이 크게 바뀌었기 때문이다.

2020년 5월에는 코로나19 사태가 심각한 상황을 맞이하는 가운데, 대통령 선거를 목전에 두고 블랙 라이브스 매터BLM 운동이 큰 열기를 띠어간다. 좌우 대립이라기보다는 좌우 분단 상황이 격화해 트럼프 대통령의 노골적인 옥죄기에 대한 반발로 좌파의 움직임은 더욱 거세졌다. 그런 가운데 오바마가 제시한 온건주의 입장은 잊혔고, 오히려 더욱 과격한 캔슬 컬처가 기세를 더해간다.

예를 들어 6월 초에는 같은 사태가 연달아 일어났다. 우선 6일에는 BLM 운동 슬로건을 딴 신중하지 못한 제목을 기사에 실었다고 해서 〈필라델피아 인콰이어러〉지 편집장이 사임했다. 또 다음날인 7일에는 항의 시위를 비방하는 듯한 우파 상원의원의 글을 게재했다며 〈뉴욕타임스〉 오피니언난의 책임 편집자가 사임 위기에 몰렸다. 게다가 이날은 트랜스젠더 여성을 차별하는 메시지를 트위터에 올렸다며 『해리 포터』 시리즈 작가 J. K. 롤링이 논란에 휩싸이기도 했다. 특히 영화에 출연했던 배우 다니엘 래드클리프나 엠

마 왓슨 등 젊은 세대의 저명인사들이 롤링의 발언을 비판해 큰 화제를 모았다.

그러던 중 7월 4일에는 독립기념일 기념식에서 트럼프 대통령이 BLM 운동의 일부 움직임을 캔슬 컬처라며 강하게 비난했다. 남북전쟁에서 노예 제도의 존속을 주장하던 남부 연합 지도자의 조각상이 철거되는 움직임이 각지에서 잇따랐는데 이를 가리키는 것이었다. 이후 '캔슬 컬처'는 진보파의 과격한 움직임을 보수파가 비판할 때 치명타를 입히는 단어가 된다.

다만 그러한 비판이 반드시 보수파로부터, 즉 대립하는 진영 쪽에서만 나온 것은 아니다. 오바마 발언의 경우와 비슷하게 혹은 그것보다 훨씬 심각한 상태로 좌파 내부에서도 점점 과열되어가는 움직임에 경종을 울리려는 다양한 목소리가 있었다.

그러한 목소리가 하나로 모이는 계기가 된 것은 잡지 〈하퍼스 매거진〉의 웹사이트에 7월 7일에 게재된 공개 서한이었다. '정의와 열린 토론에 대한 편지'라는 제목으로 이후 '하퍼스 레터'로 불리게 된 이 서한은 저널리스트 토머스 채터턴 윌리엄스를 중심으로 기록되었는데 거기에는 152명에 달하는 문화인의 서명이 붙어 있었다. 그중에는 노엄 촘스키, 프랜시스 후쿠야마, 맬컴 글래드웰, 스티븐 핑커, 살만 루슈디, 마이클 왈저 등 세계적인 저명인사들도 많이 포함되어 있었기 때문에 큰 화제를 불러일으켰다.

이 서한에는 좌우 분단의 상황 속에서 BLM 운동의 의의를 높이 평가하고 어디까지나 자유주의를 지지하는 내용이 담겨 있었다. 그러나 한편으로 거기에 퍼지고 있는 '불관용 풍조'를 다음과 같이 강하게 비판했다.

"과거를 청산하는 일은 필요하지만 거기에서는 도덕적인 태도나 정치적인 약속의 새로운 모습이 강화되고 이데올로기의 일체성이 요구되고 있다. 그 결과, 열린 토론의 규범이나 다른 의견을 가진 사람에 대한 관용 정신이 약해지고 있다." 게다가 그러한 "답답한 분위기" 속에서 "협박이나 보복에 대한 염려로 발언해도 되는 내용의 범위가 점점 좁아지고 있다." 그 결과, "합의를 벗어난 말을 하거나 열렬히 동의하는 자세를 보이지 않으면 그 자체로 직장을 잃을 우려도 있다"라고 말했다.

그러한 풍조에 대해 자신들이 원하는 것은 "실험하거나 위험을 감수하거나 때로는 실수를 저지르는 것도 허용되는 문화"이며 "동의할 수 없는 것에는 동의할 수 없다고 하고 스스로에게 성실해질 수 있는 상황"이라고 한다.

어딘가 절박함이 느껴지는 서한 내용에서는 좌우 분단 상황이 정점에 달했던 당시의 미국에서 캔슬 컬처가 얼마나 심각한 상황을 초래하고 있었는지를 알 수 있다. 이와 같이 캔슬 컬처는 일련의 과정을 통해 양극단의 양상을 우리에게 보여주었다. 약자에게 권한을 위임함으로써 권력의 비대칭성을 흔들기 위한 힘을 창출할 때 그것은 건설적인 사회 운동이 되고 사회를 변혁하는 움직임이 된다. 한편 불안정한 권력의 배치 속에서 깨어 있는 자로서의 자기 연출이 연쇄적으로 확대되어가면 그것은 파괴적인 군중 행동이 되고 개인을 억압하는 움직임이 된다.

자유주의 규범, 불관용성, 과거 행위의 문제화

여기서 캔슬 컬처의 특성, 그 사고 양식에서 엿보이는 특성에 대해 다시 한번 생각해보자. 특히 다음의 세 가지를 들수 있겠다.

첫 번째는 문화적인 의미에서의 자유주의 규범과의 결합이다. 거기에는 다양성을 중시하고 사회적 약자인 소수자를 옹호하는 입장에서 특권적 지위에 안주하는 다수자를 규탄함으로써 오래된 가치관이나 예전부터 이어져 내려온 권력 구조를 부정하고 사회를 변혁해나가려는 의지가 담겨 있다. 그 때문에 젠더, 인종, 장애 등과 관련해 약자의 위치에선 사람들의 인권을 침해하는 언동을 한 자, 특히 권력자가그 타깃이 되는 경우가 많다.

두 번째는 불관용성이다. 자유주의 규범에 저촉되는 행위가 이루어지면 매우 사소한 일이라도 사정이 어찌 되었든간에 엄한 처벌을 요구한다. 거기에는 정상 참작이라는 생각이 존재하지 않을 뿐만 아니라 형량, 즉 죄의 무게에 비추어 벌의 무게를 결정한다는 논리가 고려되지 않으며 일률적으로 '취소'를 요구한다.

세 번째는 두 번째 특성과도 관계되는데 바로 과거 행위의 문제화다. 아무리 먼 과거에 행해진 행위일지라도 옛날 일인지 아닌지는 관계없이 심지어 당시의 사정이 어찌 되었든 간에 엄한 처벌을 요구한다. 거기에는 시효라는 생각이 존재하지 않을 뿐만 아니라 과거의 행위를 굳이 파헤쳐 이제 와서 규탄하는 모습을 자주 볼 수 있다.

이들 세 가지 특성 중 두 번째, 세 번째 특성은 캔슬 컬처가 비판받는 이유가 된다. 불관용성, 그리고 과거 행위의 문제화라는 점에서 일각에서는 도리를 모르는 행동이라고 강하게 비판한다.

확실히 이들 특성에 나타난 '엄격함'은 첫 번째 특성에서 나타난 '친절함', 즉 사회적 약자를 돕고 싶은 마음과는 어긋나 보인다. 또한 자유주의 사상의 출발점에는 애초에 관용을 중시한다는 생각이 깔려 있다. 그렇다면 두 번째, 세 번째 특성은 첫 번째와 모순되지 않는가.

그러나 실제로 반드시 그렇지는 않다. 두 번째, 세 번째 특성에 나타난 태도는 첫 번째 특성에 나타난 동기, 그리고 그 근저에 있는 자유주의 규범이라는 준칙에서 보면 오히려 합리적이고 일관된 것이다. 이후에서 각각의 특성에 대해 생각해보자.

우선 두 번째 불관용성에 대해서 말해보겠다. 관용성을 둘러싼 논의는 정치학이나 사회사상의 영역에서 오래전부터 이루어졌는데 거기서 반복되어온 물음이 있다. '관용적인 사회를 지켜나가려면 불관용한 자에 대하여 우리는 관용해야 하는가, 불관용해야 하는가'이다.

이 물음에 대해 하나의 답을 준 것이 '관용의 역설'로 알려진 철학자 칼 포퍼의 논의다. 그에 따르면 우리는 불관용한 자에 대해서는 불관용해야 한다고 한다. 그런 사람들에 대해 무제한으로 관용을 베풀다 보면 이윽고 불관용한 행동이 사회에 난무하게 되고 결과적으로 관용의 사회가 무너져버린다는 논리다.

캔슬 컬처는 이러한 논리를 하나의 근거로 삼아 자신의 불관용성을 정당화하는 행위라고 할 수 있다. 즉 다양성을 지키려면 그것을 위협하는 자에 대하여 불관용해야 한다는 논리다. 이러한 관점에서 본다면 불관용성은 자유주의 규범이라는 준칙에 정합한다.

다음으로 세 번째 특성, 과거 행위의 문제화에 대해 이야기하겠다. 오래된 가치관을 부정하고 사회를 변혁해나가려면 옛날과 현재의 가치관 차이를 증명해야 한다. 그러기 위해서는 옛날에는 허용되었지만 지금은 안 되는 사례를 들어 엄격하게 가치관의 변화를 나타낼 필요가 있다. 그렇기 때문에 과거의 행위 등을 굳이 파헤치게 된다.

그러한 방식에 대해 '옛날 일인데' 왜 이제 와서 문제시하느냐는 비판을 던져봐도 별로 의미는 없다. 오히려 '옛날 일이기 때문에' 현재와의 차이를 나타내기 위해서는 일부러 거론할 필요가 있기 때문이다. 그렇게 함으로써 '시대가 바뀌었다'는 사실을 나타내는 것이야말로 캔슬 컬처의 목적이다. 이러한 점으로 볼 때 과거 행위의 문제화 또한 자유주의의 규범이라는 준칙에 들어맞는다.

이와 같이 두 번째, 세 번째 특성은 첫 번째 특성과 모순되는 듯 보이지만 다른 시각으로 본다면 캔슬 컬처는 이치를 판별하지 못하기는커녕 오히려 합리적이고 일관된 행동이라고 할 수 있다. 이러한 논리가 캔슬 컬처를 뒷받침하는 강한 신조가 되는 것은 아닐까.

최초의 수단인가, 최후의 수단인가

그렇다면 그러한 논리에 근거해 캔슬 컬처는 무조건 긍정되어야 할까. 꼭 그렇다고는 할 수 없다.

여기서 포퍼의 논의로 다시 한번 눈을 돌려보자. 불관용한 자에 대해서는 불관용해야 한다는 생각은 사실 일반적인 상황을 향한 것이 아니었다. 포퍼가 말하는 '불관용한 자'란 예를 들어 "이성적인 논의에 귀를 기울이지 않도록 지지자에게 명령하거나 주먹과 총을 이용해 논의에 응하도록 다이르는" 사람들이다. 모든 논의를 비난하는 등의 태도를 포퍼는 "불관용과 박해를 위한 선동"이라고 부르며 그에 대해서는 "법의 바깥"에서 "불관용에 대한 불관용의 권리"를 주장해야 한다고 설파했다. 그러나 한편으로 "이성적인 논의로 대항하거나 여론으로 확인이 가능한" 경우에는 그렇게 해서는 안 된다고 말했다.

포퍼는 불관용한 자에 대해서는 불관용해야 한다는 생각을 무조건 지지한 것이 아니라 예외적인 상황에만 불가피하게 묵인한 것에 지나지 않았다. 즉, '불관용과 박해를 위한 선동'의 경우이다. 그 인물을 내버려둠으로써 불관용한 행위가 점점 확산되어 약자에 대한 박해가 공공연하게 이루어지는 상황을 말한다.

현대에 근거해 생각해보면, 그러한 '선동자'에 해당하는 존재로 우선 거론할 만한 인물이 트럼프 전 대통령일 것이다. 혹은 일본이라면 재일 교포 혐오 발언을 펼쳤던 재일 특권을 허용하지 않는 시민들의 모임(재특회) 등 과격한 배외주의자 단체를 들 수 있다. 그들을 내버려두면 인종 차별 풍조가 점점 확산되고 차별적인 언행이 공공연하게 이루어질지도 모른다. 실제로 지지자들이 그들과 비슷한 발언을 하며 가볍게 농락하는 광경이 당시에 자주 목격되었다.

그러나 오야마다나 고바야시, 조앤 롤링의 경우는 어떨까. 이들은 '선동자'였을까. 역시 그들을 내버려두면 장애인에 대한 괴롭힘이나 소수 민족에 대한 차별, 혹은 성소수자에 대한 편견이 점점 더 확산될까. 예를 들어 집단 따돌림 상황을 재미있고 우습게 묘사한 오야마다 등의 경우에는 그런 모습도 다소 보였을지도 모른다. 그러나 오야마다를 포함해 그들은 적어도 '이성적인 논의에 귀를 기울이지 않는' 인물은 아니었고, 그러한 태도를 '지지자에게 명령'하는 '선동자'도 아니었다.

그렇다면 이들에게는 '법의 바깥'에서 일제히 취소를 호소하기 전에 먼저 '이성적인 논의'를 제안했어야 하지 않을까. 만약 그들이 그것에 응하지 않고 모든 논의를 비난하는 등의 태도를 보이면 그때 처음으로 캔슬 컬처에 호소했어야 하지 않을까. 말하자면 그것은 논의에 응하지 않으려는 상대에 대한 최후통첩이 되어야 한다는 말이다.

예를 들어 미투 운동도 사실은 와인스타인에 대한 고발이 운동이 시작된 시점에 처음 이루어진 것은 아니다. 〈뉴욕 타임스〉에는 관련 기사가 2015년 3월에 게재되었으며 이후 일부 피해자들로부터 산발적으로 목소리가 나오고 있었다. 그러나 와인스타인은 그러한 움직임에 응하지 않으려 했고 해명이나 사과할 기색이 전혀 보이지 않았기 때문에 최종적으로 캔슬 컬처의 타깃이 되었을 것이고, 그렇게 되어야 했다.

이러한 점에서 캔슬 컬처는 '최후의 수단'으로 이용되어야 한다고 본다. 반대로 '최초의 수단'으로 이용되면 '이성적인 논의'의 기회가 사라지기 때문에 그것은 모종의 폭력이 되어버린다.

실제로 문제시되는 행위는 다양하다. 명백한 범죄 행위도 있고 인권 침해에 해당하는 경우도 있다. 그러나 캔슬 컬처가 '최초의 수단'으로 이용되면 형벌을 정하는 과정이 생략되기 때문에 모든 경우에 일률적으로 취소를 요구하게 된다. 또한 변론 과정도 생략되므로 구형 내용이 그대로 집행된다. 그 결과 아즈마 히로키가 지적했듯이 그것은 '법을 뛰어넘은 린치'가 되어버린다.

다양성과 다의성, 사회 변혁과 인간 변화

그렇다면 캔슬 컬처는 아무리 합리적이고 일관된 행동이라 할지라도 무조건 수긍되어야 하는 행위는 아닐 것이다. 오히려 그러한 논리 아래에서만 수긍된다고 말하는 편이 좋을 지도 모른다. 인간 사회가 반드시 합리적이지도 일관적이지도 않기 때문이다.

예를 들어 오바마는 앞서 언급한 연설에서 다음과 같이 말했다. "세계는 혼란스럽고 모호함으로 가득 차 있다." "정말 좋은 일을 하는 사람에게도 결점은 있고 당신이 적대하는 사람도 아이들을 사랑하며 당신과 다양한 공통점을 가지고 있을 것이다."

이처럼 인간에게는 다의성이 존재하고 세계에는 모호함과 복잡함이 있다. 즉 모순을 안고 있으면서도 공존하는 다양한 성향이나 동향이 있다. 그런 점을 고려하지 않고 모종의 합리성이나 일관성만을 밀어붙이려고 한다면 캔슬 컬처는 인간 사회와 동떨어지게 될 것이다.

여기서 다시 생각해보자. 캔슬 컬처의 근저에 있으면서 그 근본적인 동기는 다양성을 중시하는 태도로 사회를 변혁해나가려는 의지다. 그러나 다양성의 기초가 되는 것은 애초에 개개인 안에 있는 다의성이다. 또한 사회 변혁은 개개인 안에 있는 변화의 가능성에서 시작된다.

따라서 다양성을 중시하려면 인간 안에 있는 다의성을 인정해야 한다. 또한 변혁을 지향한다면 인간 안에 있는 변화의 가능성을 보아야 한다. 그런데 캔슬 컬처는 그러한 점에 눈을 돌리려 하지 않고 오직 과거에 저지른 잘못에 근거해 그 인물의 인생에 대해 의미를 부여하려 한다. 그 인물이 다른 어떤 모습을 가지고 있는지, 그리고 어떤 식으로 변해 왔는지, 즉 다의성이나 변화 가능성은 전혀 고려하지 않는다. 그렇다면 다양성을 중시하는 태도와도, 사회를 변혁해 나가려는 지향과도, 덧붙여 말하자면 자유주의 정신과도 어딘가 어긋나 있는 것은 아닐까.

축제와 피의 축제

여기서 캔슬 컬처의 또 다른 특성을 생각해보자. 특히 그 행동 양식으로 눈을 돌리면 모종의 이벤트적 혹은 의식적 요소가 강하게 보이지 않을까.

예를 들어 올림픽 직전에는 오야마다, 노부미, 고바야시 사태가 단 일주일 안에 연달아 일어났다. 또 BLM 운동에 따른 소동이 벌어졌을 때는 〈필라델피아 인콰이어러〉지의 편집장, 〈뉴욕타임스〉지의 책임 편집자, 조앤 롤링 사태가 단 이틀 동안 연달아 일어났다. 게다가 미투 운동의 경우에도 열 명 이상이나 되는 저명인사 관련 사태가 약 2개월 사이에 일어났다.

이와 같이 캔슬 컬처에서는 개개의 사건이 산발적으로 일어나는 것이 아니라 수일에서 수개월에 이르는 특정 기간에 집중적으로 일어난다. 그동안 사람들은 흥분하고 열광하고 끓어오르고 다음에는 누가 타깃이 될지 조마조마하게 지켜본다. 그리고 '사냥감'이 발견되면 대중 매체나 소셜 미디어에서 일제히 그곳으로 몰려든다. 그러고는 그 인물의 과거를 파헤치며 '공개 처형'을 한다.

거기서 벌어지는 일은 '피의 축제'(일본어로 '지마쓰리'라고 하며, 전쟁에 나가기 전 제물로서 적의 포로 등을 죽여 사기를 북돋우는 일이다-옮긴이)이며 이벤트와 의식의 성격을 강하게 띤다. 거기에서는 개개의 경우가 이벤트의 '상연 작품'이고, 개개의 인물이 의식의 '제물'에 해당한다.

게다가 그러한 행동은 실제 '축제'와 연결되어 일어날 때가 많다. 예를 들면 올림픽 직전에 벌어진 소동은 도쿄 올림픽·패럴림픽이라고 하는 일대 이벤트, 게다가 그 개회식·폐회식이라고 하는 의식과 관련된 것이었다. 또한 BLM 운동에 따른 소동은 미국 대통령 선거라고 하는 엄청난 이벤트가 그 배경이 되었다. 그렇게 겉보기에는 '축제'이지만 그 이면에서는 대중 매체와 소셜 미디어가 하나가 되어 연출하는 미디어 이벤트로서 캔슬 컬처에 의한 '피의 축제'가 벌어진다.

그때 각각의 사건은 이벤트의 '상연 작품'에 해당하므로 어디까지나 그 이벤트의 틀 안에서 취급된다. 즉 가장 먼저 누군가를 취소하려는 움직임이 있고 그것을 바탕으로 누구를 취소할지가 결정된다. 그렇기 때문에 각각의 경우에는 처음부터 캔슬 컬처가 적용된다. 즉 '최초의 수단'으로서 이용된다. 그 결과, 그것은 폭력이 되고 법을 뛰어넘는 린치가 된다. 캔슬 컬처는 본래 '최후의 수단'으로 이용되어야 하지만 대부분 '최초의 수단'으로 이용되어 많은 물의를 빚고 있는데, 그 배경에는 사실 이러한 사정이 있지 않을까.

거기서는 '축제'와 '피의 축제'가 하나가 되어 펼쳐지는 듯한 독특한 행동 양식을 볼 수 있다. 그러나 그것은 신기하다고만은 할 수 없고, 인간 사회에 예전부터 그것도 미개 사회 때부터 존재한 것이다.

사회학자 에밀 뒤르켐은 일찍이 호주 부족 사회의 조사에 근거하여 그것을 '집합적 열광collective effervescence'이라고 불렀다. 사회 집단이 의식이 벌어지는 곳에서 주기적으로 흥분 상태를 만들고 '성스러운 것'과 '속된 것'을 구분 지음으로써 사회 규범을 만들어나가는 행동 양식을 가리킨다.

이때 그곳에서 거행되는 의식을 뒤르켐은 '긍정적 의례'와 '부정적 의례'로 나누어 파악했다. 전자는 '성스러운 것'을 통해 사람들을 서로 연결하는 의식, 후자는 금기의 약속에 따라 '성스러운 것'을 만질 자격을 묻기 위한 의식이다.

뒤르켐의 이러한 논의를 현대의 상황에 그대로 적용하기는 어렵다. 그러나 올림픽 등 겉으로 드러난 '축제'가 '성스러운 것'을 둘러싸고 벌어지는 '긍정적 의례'에 해당한다면, 캔슬 컬처 이면의 '피의 축제'가 금기의 약속을 둘러싸고 벌어지는 '부정적 의례'에 해당한다고 생각해보는 것도 하나의 시도로서 가능하지 않을까.

그렇다면 캔슬 컬처는 인간 사회에 가장 오래전부터 존재해온 행동 양식을 통해 자유주의라는 근대적 이념을 실현하고자 하는 일이라고 말할 수 있다. 하지만 여기에도 이 움직임의 특성이 하나의 모순으로 나타나고 있는 것은 아닐까.

취소된 사람들에게로

그렇다면 그러한 모순 때문에 캔슬 컬처는 무조건 부정되어야 할까. 이 점에 대해서도 반드시 그렇다고는 할 수 없다. 그 모순들은 캔슬 컬처 본래의 모습과는 거리가 멀기 때문이다.

뒤르켐에 의하면 사람들은 집합적 열광의 장소에서 자신들이 그 사회 집단의 구성원임을 서로 확인한다고 한다. 말하자면 그곳은 사람들이 사회의 정당한 구성원임을 서로 증명하기 위한 장소, 더 나아가서는 다수자가 다수자임을 서로 승인하기 위한 장소다.

그러나 캔슬 컬처란 소수자를 위한 것, 즉 사회 주류의 구성원으로 승인되지 않은 사람들이 목소리를 합쳐 그 존재를 주장하고 권리를 획득하기 위한 것이었다. 사회의 주류로부터 소외된 사람들은 말하자면 '사전에 취소된 사람들'이라고 할 수 있다. 그런 사람들에게 권한을 위임하는 일이야말로 이 움직임의 의의가 있다고 생각되었다.

그런데 어느새 그 권한이 다수자의 손에 넘어가 자기 인정 수단으로 이용되었다. 사람들은 누군가를 취소함으로써 자신의 옳음을 증언하고 스스로가 사회의 정당한 구성원임을 증명하려고 한다. 그렇기 때문에 차례차례 희생물을 찾아서 바침으로써 그 인정 욕구를 채우려고 한다. 거기서 초래된 것이 '피의 축제'다.

이와 같이 캔슬 컬처란 '취소된 사람들'의 문화이며 소수자에게 권한을 부여하기 위한 수단이었음에도 현재는 대부분 '취소하려는 사람들'의 문화가 되었고 다수자의 자기 인정을 위한 도구가 되어버렸다.

그렇다면 그것을 전부 부정할 것이 아니라 '취소하려는 사람들' 손에서 '취소된 사람들' 손으로, 즉 다수자 손에서 소수자 손으로 그것을 되돌리고 본래 모습을 되찾아야 하지 않을까. 말하자면 그 본래 논리를 수많은 모순 속에서 구해 내야 한다.

이처럼 캔슬 컬처란 그 안에 여러 논리와 불합리가 겹겹이 짜여 있는 모순으로 가득 찬 움직임이다. 그러므로 우리는 집합적 열광의 기세에 이끌려 쓸데없이 흥분하거나 열광하지 말고 그 논리와 모순을 하나씩 신중히 나누면서 이 움직임을 여러 각도로 깊이 살펴봐야 한다.

저자 후기

이 책의 목적은 플레이밍 사회를 분석하는 것이다. 그 존재 방식을 직접적으로 비판하려는 것은 아니지만, 정치적인 문제, 특히 이데올로기 대립을 둘러싼 여러 문제를 다루는 이상 완전히 가치 자유적인 입장에서 논의를 진행할 수도 없다. 이에 적절히 비판해야 한다고 생각되는 부분은 비판하면서 논의를 진행했다.

이 책의 기본 논조를 굳이 말한다면 '관용한 자유주의'라고 할 수 있다. 거기서는 우파적 입장이 비판의 대상이 된다. 그것도 문화적 이데올로기에 근거한 신보수주의와 경제적 이데올로기에 근거한 신자유주의다.

한편으로 그것들과 함께 '불관용한 자유주의'라는 입장에도 의문을 제기한다. 다만 거기서 문제가 되는 것은 자유주의 사상 그 자체가 아니다. 오히려 그러한 입장과 신자유주의에 사실은 은밀한 연결고리가 있지 않느냐는 문제를 제기한다.

이러한 논점을 통해서 이 책에서는 플레이밍이 만연한 사회에서 어떻게 '관용한 자유주의'를 유지하고, 더욱 발전시켜나갈지를 완곡하게 물어봤다. 이 물음에 대답하는 일이 쉽지 않다는 것을 알지만 그것에 이론적으로 다가가고 친숙한 사례를 바탕으로 끈기 있게 생각해나간다면 곧 어떠한 힌트가 보이지 않을까.

여기서 이 책이 나오게 된 과정을 되돌아보자. 이 책의 토대가 된 것은 2020년 7~11월 호에 걸쳐 잡지 〈중앙공론〉에 연재한 논고 「현대 일본의 분단선」이다. 각 호의 기사를 대폭 가필하고 새롭게 써내려간 원고 등을 더하여 구성했다. 각 장 내용의 최초 출처는 다음과 같다.

1장 「자숙 경찰과 신자유주의」, 〈중앙공론〉 2020년

8월 호, 주오코론신샤.

2장 「소셜 미디어 침투의 10년, 사회의 변용」, 〈현대 용어의 기초 지식·별책 2011→2020〉, 지유코쿠민샤, 2021년 3월.

3장 「해시태그 운동의 확산」, 〈중앙공론〉 2020년 9월 호, 주오코론신샤.

4장 새로 집필.

5장 「인터넷 악성 댓글과 공감시장주의」, 〈중앙공론〉, 2020년 10월 호, 주오코론신샤.

6장 「캔슬 컬처의 미래」, 〈중앙공론〉 2020년 11월 호, 주오코론신샤.

이 책을 집필하면서 주오코론신샤의 편집자 두 분께 큰 신세를 졌다. 잡지에 연재할 당시 담당자였던 구도 나오히코 씨, 단행본 집필 담당자 히키다 소이치 씨에게 다시 한번 감사의 뜻을 전하고 싶다.

참고 문헌

* 한국에서 출간된 도서는 굵은 글씨로 표기했다.

들어가며

다나카 다쓰오, 야마구치 신이치, 『인터넷 염상의 연구―누가 부추기고, 어떻게 대처하는가』, 게이소쇼보, 2016.

데이비드 S. 메이어·시드니 태로우, *The Social Movement Society: Contentious Politics for a New Century*, Rowman&Littlefield, 1997.

이지치 신이치, 『블로그 염상―Web 2.0 시대의 위험과 기회』, 아스키, 2007.

1장 자숙 경찰과 신자유주의

"Ronald Reagan and Personal Responsibility", REAGAN.COM, 2017년 5월 8일(https://www.reagan.com/ronald-reagan-and-personal-responsibility)(본문 속 인용은 필자가 번역했다).

가리야 다케히코, 「'자숙의 범람'은 사회에 무엇을 남기는가」, Voice 편집부 편, 『변질되는 세계―위드 코로나의 경제와 사회』, PHP신서, 2020.

내각관방행정개혁추진본부사무국, 「행정 개혁 대강령」, 『정부의 행정 개혁』, 2000(https://www.gyoukaku.go.jp/about/taiko.html).

다카 이와오,『컴플라이언스 지식』제3판, 닛케이분코, 2017.

데이비드 하비,『신자유주의』, 최병두 옮김, 한울, 2007.

사법제도개혁추진본부 홈페이지 '총리관저', 2004(http://www.kantei.
　go.jp/jp/singi/sihou/index.html).

쓰지타 마사노리,「빈발하는 '자숙 경찰'의 전모… 그 배경에 '정의 폭주'
　와 '질투의 발로'」,〈현대비즈니스〉, 2020년 5월 30일(https://gendai.
　ismedia.jp/articles/-/72910).

야마나카 히사시,『우리 소국민』, 헨쿄샤, 1974.

야샤 뭉크, *The Age of Responsibility: Luck, Choice, and the Welfare State*,
　Harvard University Press, 2017.

이토 마사아키,「자숙의 사회사」,『매스 커뮤니케이션 연구』제98호, 일본
　매스 커뮤니케이션 학회, 2021.

종합규제개혁회의,「중간 결산—경제 활성화를 위해 중점적으로 추진
　해야 할 규제 개혁」, 내각부, 2002(https://www8.cao.go.jp/kisei/
　siryo/020723/index.html).

카를 슈미트,『정치신학』, 김항 옮김, 그린비, 2010.

카를 슈미트,『정치적인 것의 개념』, 김효전·정태호 옮김, 살림, 2012.

2장 소셜 미디어의 논리와 신자유주의 정신

「'죽을 때까지 용서해줘' 가게를 망친 '바보 트위터'들의 그 후」,〈주간여성
　PRIME〉, 2019년 2월 20일(https://news.line.me/articles/oa-shujop-
　rime/7bdd2e5349c8).

J. I. 키츠세·M.B.스펙터, *Constructing social problems*, Cummings Pub-
　lishing Company, 1977.

가토 다이키, 「Twitter에서 염상의 상호작용 과정—인터넷상의 사회적 반작용 형성」, 도쿄대학교 대학원 학제정보학부 석사학위 논문, 2019.

나가사와 시게루, 「젊은이에게 인터넷은 '스마트폰+앱', 도덕 교육을 따라가지 않는 염상 구조」, 〈INTERNET Watch〉, 2013년 9월 10일 (https://internet.watch.impress.co.jp/docs/news/614882.html).

내각관방행정개혁추진본부사무국, 「행정 개혁 대강령」, 『정부의 행정 개혁』, 2000(https://www.gyoukaku.go.jp/about/taiko.html).

니시카와 루미, 「2016년 염상 랭킹, '일본 죽어라' 등의 해설가형 증가」, 〈다이아몬드 온라인〉 2016년 12월 8일(https://diamond.jp/articles/-/110565).

모토미야 마나부, 「잇따르는 미성년의 '인터넷 염상' 사건, 내정된 취업 자리를 잃는 경우도… 계기는 '사진 투고'가 '주류'로」, 〈ITmedia NEWS〉, 2013년 9월 10일(https://www.itmedia.co.jp/news/articles/1309/10/news130.html).

아마노 아키라, 『공유하고 싶어 하는 심리—소셜 미디어의 정보 환경을 해독하는 7가지 관점』, 센덴카이기, 2017.

어빙 고프먼, 『자아 연출의 사회학』, 진수미 옮김, 현암사, 2016.

에밀 뒤르켐, 『종교생활의 원초적 형태』, 민혜숙·노치준 옮김, 한길사, 2020.

에밀 뒤르켐, 『사회분업론』, 민문홍 옮김, 아카넷, 2012.

이토 마사아키, 「인터넷 염상의 정치학」, 마쓰이 히로시·오카모토 겐 편저, 『소셜 미디어·스터디』, 호쿠주슛판, 2021.

이토 마사아키, 「축제와 피의 축제—염상의 사회학」, 가와카미 노부오 감수, 『인터넷이 낳은 문화—누구나 표현자인 시대』, 가도카와, 2014.

하워드 S. 베커, *Outsiders; studies in the sociology of deviance*, Free Press of Glencoe, 1963.

3장 해시태그 운동의 명과 암

「EXIT 가네치카 씨는 '비판하는 것이 자유롭다'」, 〈HUFFPOST〉, 2020년 5월 17일(https://www.huffingtonpost.jp/entry/story_jp_5ec-0d784c5b601e938724d9f).

「웹 특집 #연예인 왜 움직였는가 ~정치적 발언이 가져오는 것은~」, 〈NHK NEWS 웹〉, 2020년 6월 26일(https://www3.nhk.or.jp/news/html/20200626/k10012485211000.html)(현재는 링크 끊김).

W. 랜스 베넷·알렉산드라 세거버그, *The Logic of Connective Action: Digital Media and the Personalization of Contentious Politics*, Cambridge University Press, 2013.

고노이 이쿠오, 「해시태그와 표현의 정치—공간의 질서를 바꾸는 직접민주주의에 대하여」, 〈현대사상〉 2020년 10월 임시증간호, 세이도샤, 2020.

노미야 다이시로 편저, 『사회 운동과 문화』, 미네르바쇼보 2002.

다나카 준·쓰치야 준지, 『집합행동의 사회심리학』, 호쿠주슛판, 2002.

도리후미 후지오, 「#검찰청법 개정안에 항의한 사람은 사실은 얼마나 있었나」, 〈note〉, 2020년 5월 11일(https://note.com/torix/n/n5074423f-17cd).

도미나가 교코, 「사회 운동에 있어 느린 인터넷은 가능한가—너무 빠른 해시태그 운동 속도를 늦추는 온라인 플랫폼」, 〈느린 인터넷〉, 2011년 7월 22일(https://slowinternet.jp/article/20210722/).

시드니 태로우, *Power in Movement: Social Movements, Collective Action and Politics*, Cambridge University Press, 1994.

이케다 겐이치·가라사와 미노루·구도 에리코·무라모토 유키코, 『사회심리학』, 유히카쿠, 2010.

이토 마사아키, 『데모의 미디어론—사회 운동 사회의 미래』, 지쿠마쇼보, 2012.

4장 차별과 반차별과 반·반차별

구보타 마사키, 「나이키 광고를 안티파가 비난할수록 그 회사에 이득이 되는 이유」, 〈다이아몬드 온라인〉, 2020년 12월 3일(https://diamond.jp/articles/-/256077).

도리우미 후지오, 「NIKE 광고에 대해서 트위터상에서는 크게 세 가지 의견이 존재했다」, 〈Yahoo! JAPAN 뉴스〉, 2020년 12월 2일(https://news.yahoo.co.jp/byline/toriumifujio/20201202-00210570).

야스다 고이치, 「정의감의 폭주—첨예화하는 재특회와 레이시즘」, 야스다 고이치·이와타 아쓰시·후루야 쓰네히라·모리 다카히사, 『헤이트 스피치와 넷우익-첨예화하는 재특회』, 오쿠라슛판, 2013.

와타나베 야스시, 『백인 민족주의 미국을 뒤흔드는 문화적 반동』, 주코신쇼, 2020.

이토 마사아키, 『넷우익의 역사 사회학—언더그라운드 헤이세이사 1990~2000년대』, 세이큐샤, 2019.

케인 주리안, 「화제의 나이키 광고로 분출… 일본을 덮다… '부인하는 인종 차별'의 정체」, 〈현대비즈니스〉, 2020년 12월 2일(https://gendai.ismedia.jp/articles/-/77893).

5장 악성 게시물과 공감시장주의

「기무라 하나 씨가 〈테라스 하우스〉에 출연하고 사망할 때까지 무엇이 그

너를 몰아붙였는가?」, 〈주간여성PRIME〉, 2020년 5월 24일(https://www.jprime.jp/articles/-/17985).

「추적! '인터넷 염상' 기무라 하나 씨의 죽음이 묻는 것」, 〈NHK NEWS 웹〉, 2020년 6월 4일(https://www3.nhk.or.jp/news/special/enjyou/static/20200604_04.html).

고다마 스미코, 「쓰지 노조미, 15년간 비판의 소리가 '공감'으로 변화. 관대한 코멘트 증가에 '테스트에 합격한 것일까」, ORICON NEWS, 2021년 9월 7일(https://www.oricon.co.jp/special/57283/).

나카지마 요이치, 『공감의 사상사』, 소후샤, 2006.

도리우미 후지오, 「올림픽 선수를 향한 도 넘은 비난은 누가 하고 있나」, 〈Yahoo! JAPAN 뉴스〉, 2021년 8월 1일(https://news.yahoo.co.jp/byline/toriumifujio/20210801-00250771).

마타요시 나오키, 『불꽃』, 분슌분코, 2017.

애덤 스미스, 『도덕감정론』, 박세일 옮김, 비봉출판사, 2009.

오카하라 마사유키·야스카와 하지메·야마다 마사히로·이시카와 준, 『감정의 사회학―감정 자각의 시대』, 세카이시쇼샤, 1997.

폴 블룸, 『공감의 배신』, 이은진 옮김, 시공사, 2019.

필립 코틀러·허마원 카타자야·이완 세티아완, 『필립 코틀러의 마켓 4.0』, 이진원 옮김, 더퀘스트, 2017.

후쿠다 고이치, 『영향력을 수치화―히트를 낳는 '공감' 마케팅의 추천』, 닛케이BP, 2018.

6장 캔슬 컬처의 논리와 모순

알렉산더 엘라, 「캔슬 컬처―선을 만들어내는 힘인가, 언론의 자유를 위

협하는 것인가?」, 간노 미쓰코 옮김, 〈하퍼스 바자〉, 2020년 7월 24일
(https://www.harpersbazaar.com/jp/lifestyle/daily-life/a33316872/
cancel-culture-a-force-for-good-or-athreat-to-free-speech-
200724-lift1/).

ATTN, 트위터, 2019년 10월 10일(https://twitter.com/attn/sta-
tus/1189349299118727168).

제니퍼 슈에슬러, and 엘리자베스 A. 헤리스, *"Harper's Letter: Artists and
Writers Warn of an 'Intolerant Climate': Reaction Is Swift"*, 〈뉴욕타
임스〉, 2020년 7월 7일(https://www.nytimes.com/2020/07/07/arts/
harpers-letter.html).

토머스 채터턴 윌리엄스 등, *"A Letter on Justice and Open Debate"* 〈하퍼
스 매거진〉 2020(https://harpers.org/a-letter-on-justice-and-open-
debate).

르네 지라르, 『폭력과 성스러움』, 박무호 · 김진식 옮김, 민음사, 2000.

마이클 왈저, 『관용에 대하여』, 송재우 옮김, 미토, 2004.

아즈마 히로키, 트위터, 2021년 7월 15일(https://twitter.com/hazuma/
status/1415575870958305284).

**에밀 뒤르켐, 『종교생활의 원초적 형태』, 민혜숙 · 노치준 옮김, 한길사,
2020.**

이시다 겐, 「캔슬 컬처란 무엇인가? 올림픽 개회식에서 크리에이터의
사임은 지나친 대응인가」, 〈The HEADLINE〉, 2021년 7월 24일
(https://www.theheadline.jp/articles/473).

**칼 포퍼, 『열린사회와 그 적들 1』, 이한구 옮김, 민음사, 2006(본문 속 인용은
원저로부터 필자가 번역한 것이다).**

플레이밍 사회,
캔슬 컬처에서 해시태그 운동까지
그들은 왜 불타오르는가

2023년 3월 10일 1판 1쇄 인쇄
2023년 3월 24일 1판 1쇄 발행

지은이	이토 마사아키
옮긴이	유태선
펴낸이	한기호
책임편집	유태선
편집	도은숙, 정안나, 김미향, 김현구
디자인	늦봄
마케팅	윤수연
경영지원	국순근
펴낸곳	북바이북
	출판등록 2009년 5월 12일 제313-2009-100호
	주소 04029 서울시 마포구 동교로12안길 14, 2층(서교동, 삼성빌딩 A)
	전화 02-336-5675 팩스 02-337-5347
	이메일 kpm@kpm21.co.kr
	홈페이지 www.kpm21.co.kr

ISBN 979-11-90812-52-8   03300